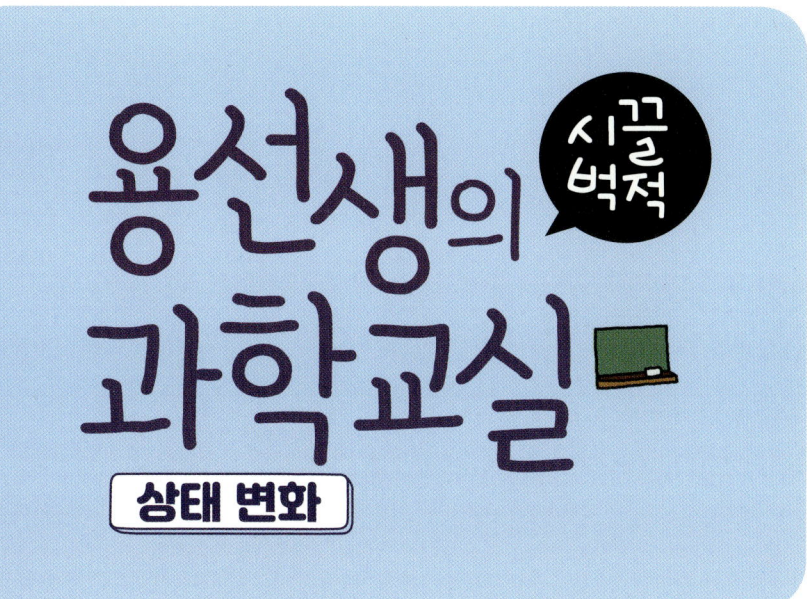

사회평론

글 서지은
덕성여자대학교 화학과를 졸업하고, 와이즈만영재교육연구소, 이앤오즈 미래교육실에서 다수의 과학 콘텐츠 및 미래 교육 콘텐츠를 기획하고 개발했습니다. 현재 과학자를 꿈꾸는 아이들이 과학 개념과 원리를 재미있게 탐구할 수 있도록 다양한 과학 교육 콘텐츠를 개발하고 있습니다.

구성 사회평론 과학교육연구소
대학에서 오랫동안 과학을 연구한 전문가들이 모여, 우리 아이들이 쉽고 재미있게 공부할 수 있는 책을 만들고 있습니다.

유창선 (사회평론 과학교육연구소 연구원)
서강대학교 물리학과를 졸업하였습니다. 과학과 책을 좋아하여 어린이들이 즐겁게 읽을 수 있는 과학책을 만드는 일에 관심을 가지게 되었습니다.

김형진 (사회평론 과학교육연구소 연구원)
연세대학교 천문대기과학과를 졸업하고 같은 대학교 대학원에서 석사, 박사 학위를 받았습니다. 과학자를 꿈꾸는 아이들에게 올바른 과학 개념과 과학적 태도를 함께 키울 수 있는 방법을 전달하기 위해 노력하고 있습니다.

이명화 (사회평론 과학교육연구소 연구원)
서울대학교 물리교육과를 졸업하고 같은 대학교 대학원에서 석사, 박사 학위를 받았습니다. 10여 년간 중학교에서 과학을 가르쳤으며, 미국 아리조나 주립대에서 물리학으로 박사 학위를 받고 독일, 미국, 영국에서 연구원으로 근무하였습니다. 쉽고 재미있는 과학책을 쓰는 일에 관심을 갖고 있습니다.

설정민 (사회평론 과학교육연구소 연구원)
서울대학교 생물학과를 졸업하고 같은 대학교 대학원에서 석사 학위를 받은 뒤 박사 과정을 수료하였습니다. 아이에게 과학을 쉽고 재미있게 얘기해 주려 노력하다 보니 어린이를 위한 책을 만드는 일에도 관심을 가지게 되었습니다.

그림 김인하
시각디자인을 전공하고 1999년 월간지에 만화를 연재하며 작품 활동을 시작하였습니다. 《건방진 우리말 달인》, 《똑똑한 어린이 대화법》 등에 그림을 그렸습니다. 이 책을 읽는 어린이들의 밝은 미래를 기원합니다.

그림 뭉선생
2004년 LG 동아 국제만화 공모전에 입상하며 작품 활동을 시작했습니다. 그린 책으로 《조지의 우주를 여는 비밀 열쇠》 시리즈, 《용선생 만화 한국사》 시리즈, 《용선생 처음 한국사》 시리즈, 《용선생 처음 세계사》 시리즈 등이 있습니다.

그림 윤효식
2002년 《소년 챔프》에 〈신검〉으로 데뷔하여 어린이에게 유익한 학습 만화를 그리고 있습니다. 그린 책으로 《마법천자문 사회원정대》 시리즈, 《용선생 만화 한국사》 시리즈, 《용선생 처음 한국사》 시리즈, 《용선생 처음 세계사》 시리즈 등이 있습니다.

감수 노석구
서울대학교 화학교육과를 졸업하였으며 같은 대학교 대학원에서 석사, 박사 학위를 받았습니다. 한국교육개발원 연구원을 거쳐 현재 경인교육대학교 과학교육과 교수로 재직 중입니다. 집필한 책으로 《초등과학 교수 학습 지도안 작성을 위한 수업컨설팅》, 《놀이를 활용한 신나는 교실 수업》 외 다양한 과학 교과서와 지도서 등이 있습니다.

캐릭터 이우일
홍익대학교에서 시각디자인을 공부한 만화가입니다. 그림책 작가인 아내 선현경, 딸 은서, 고양이 카프카와 함께 그림을 그리고 글을 쓰며 살고 있습니다. 지은 책으로 《우일우화》, 《옥수수빵파랑》, 《좋은 여행》, 《고양이 카프카의 고백》 등이 있고, 그린 책으로 《노빈손》 시리즈, 《용선생의 시끌벅적 한국사》 시리즈, 《교양으로 읽는 용선생 세계사》 시리즈 등이 있습니다.

용선생의 시끌벅적 과학교실

상태 변화

글 서지은 | 구성 사회평론 과학교육연구소 | 그림 김인하·뭉선생·윤효식 | 감수 노석구 | 캐릭터 이우일

눈으로 만든 집을 따뜻하게 하려면?

사회평론

프롤로그

여러분, 안녕? 과학반을 맡은 용선생이야. 내 명성은 익히 들어 봤겠지? 역사반과 세계사반을 모두 훌륭하게 성공시키며 방과 후 교실 최고의 인기 교사가 된 그 용선생이란다. 교장 선생님께서 특별히 부탁하셔서 이번에는 과학반을 맡게 되었어. 어찌나 사정을 하시던지 도무지 거절할 수가 없었지 뭐야. 그래서 이 몸이 깜짝 놀랄 수업을 준비했단다.

우리의 수업은 언제나 질문과 함께 출발해. 세상을 둘러보다가 누군가 "저건 왜 그래요?" 하고 질문하면 바로 그 순간 수업이 시작되는 거지. 이제부터 용선생의 시끌벅적 과학교실을 제대로 즐기는 방법을 하나씩 알려 줄게.

첫째, 과학반 친구들과 함께 호기심을 갖고 질문해 봐. 과학을 어렵게만 생각하지 말고, 매 교시마다 아이들이 어떤 호기심을 가지는지 관심을 가져 봐. 과학반 친구들과 함께 '왜 그럴까?', '어떻게 알아낼 수 있을까?' 고민하다 보면 어렵던 과학도 쉽게 느껴질 거야.

둘째, 어려운 내용은 사진과 그림으로 이해해 봐. 어려운 과학 개념과 원리를 한 장의 사진이나 그림을 통해 단숨에 이해할 수도 있어. 그래서 너희를 위해 사진과 그림을 많이 준비했단다. 글을 읽다가 어렵다 싶으면 옆에 있는 사진과 그림을 봐. 잘 이해되지 않던 내용이 틀림없이 술술 이해될 거야.

셋째, 배운 내용을 되새기며 머릿속에 정리해 봐. 왁자지껄한 수업을 마치고 나면 뭘 배웠는지 정리가 안 될 때도 있을 거야. 그럴 때를 대비해 중간중간 핵심 정리를 준비했어. 또 배운 내용을 4컷 만화로 재미있게 요약해 두었지. 게다가 교시가 끝날 때마다 나선애의 정리노트도 마련했단다. 이 정도면 학습 정리는 문제없겠지?

과학은 분야도 다양하고 배울 내용도 아주 많아. 쉽게 이해할 수 있는 부분도 있지만, 여러 번 곰곰이 생각해 봐야 알 수 있는 부분도 있지. 이 책을 여러 번 다시 읽다 보면 구석구석 빠짐없이 모두 이해될 거야.

자, 이제 용선생의 시끌벅적 과학교실을 제대로 즐길 준비가 됐겠지? 그럼 신나는 수업을 시작해 볼까?

차례 | 상태 변화

1교시 | 물질의 상태
자유롭게 모양이 변하는 물의 비밀은?

- 물은 어떤 상태일까? … 13
- 상태에 따라 특징이 다른 까닭은? … 18
- 주르륵 흐르는 가루는 어떤 상태일까? … 21

- 나선애의 정리노트 … 24
- 과학퀴즈 달인을 찾아라! … 25

교과연계
초 3-2 물질의 상태 | 중 1 물질의 상태 변화

3교시 | 물의 상태 변화
냉동실 안 유리병을 깨트린 범인은?

- 물이 얼 때 일어나는 특별한 변화는? … 47
- 물이 얼 때 부피가 늘어나는 까닭은? … 50
- 물의 부피 변화 때문이야 … 52

- 나선애의 정리노트 … 56
- 과학퀴즈 달인을 찾아라! … 57
- 용선생의 과학 카페 … 58
  - 얼음이 물 위에 동동 뜨는 까닭은?

교과연계
초 3-2 물질의 상태 | 초 4-2 물의 상태 변화 | 중 1 물질의 상태 변화

2교시 | 물질의 상태 변화
초콜릿이 물처럼 변한 까닭은?

- 초콜릿의 변신! … 29
- 초콜릿이 녹으려면 무엇이 필요할까? … 32
- 초콜릿이 녹아도 변하지 않는 것은? … 36

- 나선애의 정리노트 … 40
- 과학퀴즈 달인을 찾아라! … 41
- 용선생의 과학 카페 … 42
  - 물질의 네 번째 상태, 플라스마

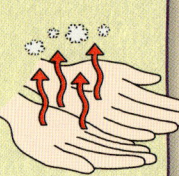

교과연계
초 3-2 물질의 상태 | 중 1 물질의 상태 변화

4교시 | 융해와 응고

눈으로 만든 집은 따뜻할까?

물이 얼면서 내보내는 것은? ··· 63
얼음이 녹을 때 열의 이동은? ··· 67
융해와 응고를 이용하자! ··· 70

나선애의 정리노트 ··· 74
과학퀴즈 달인을 찾아라! ··· 75

교과연계
초 3-2 물질의 상태 | 초 4-2 물의 상태 변화 |
중 1 물질의 상태 변화

6교시 | 승화

추운 겨울에 꽁꽁 언 생선이 마르는 까닭은?

드라이아이스가 작아지는 까닭은? ··· 97
승화로 생기는 현상은? ··· 101
우주 식품은 어떻게 만들까? ··· 102

나선애의 정리노트 ··· 106
과학퀴즈 달인을 찾아라! ··· 107
용선생의 과학 카페 ··· 108
 - 자연이 만든 얼음꽃, 상고대!

교과연계
초 3-2 물질의 상태 | 초 4-2 물의 상태 변화 |
중 1 물질의 상태 변화

5교시 | 기화와 액화

더운 날 길거리에 물을 뿌리는 까닭은?

알코올이 묻으면 왜 시원해질까? ··· 79
컵에 맺힌 물방울은 어디서 왔을까? ··· 83
전기를 쓰지 않는 냉장고의 비밀은? ··· 87

나선애의 정리노트 ··· 90
과학퀴즈 달인을 찾아라! ··· 91
용선생의 과학 카페 ··· 92
 - 액화를 이용해 가뭄을 이겨 내!

교과연계
초 3-2 물질의 상태 | 초 4-2 물의 상태 변화 |
중 1 물질의 상태 변화

가로세로 퀴즈 ··· 110
교과서 속으로 ··· 112

찾아보기 ··· 114
퀴즈 정답 ··· 115

등장인물

용쓴다 용써!
용선생

- 체력 ★★★
- 지력 ★★★★★
- 감성 ★★★
- 호기심 ★★★★★
- 유머 ★★

열정이 가득한 과학 선생님. 하늘을 향해 거침없이 솟은 머리카락과 삐죽삐죽한 수염이 매력 포인트. 생생한 과학 수업을 하기 위해 물불을 가리지 않는다.

장하다 장해!
장하다

- 체력 ★★★★★
- 지력 ★
- 감성 ★★★★
- 호기심 ★★★★★
- 유머 ★★★★★

'튼튼하게만 자라 다오.'라는 아버지의 소원대로 튼튼하게 자랐다. 성격은 일등, 성적은 비밀이다. 시험을 못 봐도 씩씩하고, 엉뚱한 질문으로 수업에 활력을 준다.

오늘도 나선다!
나선애

- 체력 ★★★★
- 지력 ★★★★
- 감성 ★★★
- 호기심 ★★★★★
- 유머 ★★★

과학자를 꿈꾸는 우등생. 공부도 잘하고 아는 게 많아서 모든 일에 앞장서는 타입이다. 겉으로는 차가워 보이지만 내심 따뜻한 면도 가지고 있다. 전혀 티가 안 나서 그렇지.

잘난 척 대장
왕수재

- 체력 ★★★
- 지력 ★★★★
- 감성 ★
- 호기심 ★★★★★
- 유머 ★

세상에서 자기가 제일 잘난 줄 안다. '천재는 외로운 법이고 질투의 대상인 법'이라나. 친구들에게 깐족거리는 데에도 천재적이다. 그래도 수업에는 늘 적극적으로 참여한다.

낭만 가득
허영심

체력 ★★★★★
지력 ★★★
감성 ★★★★★
호기심 ★★★★
유머 ★★

감성이 풍부해도 너무 풍부하다. 떨어지는 낙엽이나 밤하늘의 별을 보며 눈물짓고, 조그만 벌레와 대화를 나누는 사차원 성격. 하지만 누구보다 정이 많고 낭만적이다.

과학반 귀염둥이
곽두기

체력 ★★★
지력 ★★★★
감성 ★★★★
호기심 ★★★★★
유머 ★★★★

형과 누나들의 귀여움을 독차지하는 과학반 막내. 나이도 가장 어리고 타고난 동안이라 언뜻 보면 유치원생 같다. 훈장 할아버지 덕에 어려운 단어를 줄줄 꿰고 있다.

우리를 찾아봐!

알코올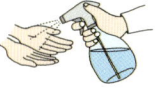
색이 없고 특유의 냄새가 나는 물질이야. 주로 소독제와 연료로 사용해.

얼음
고체 상태의 물이야.

수증기
기체 상태의 물이야.

항아리 냉장고
전기 없이 사용하는 냉장고로, 물의 증발을 이용한 도구야.

드라이아이스
고체 상태의 이산화 탄소야.

아이오딘
고체일 때 검보라색이고, 승화하는 물질이야.

1교시 | 물질의 상태

자유롭게 모양이 변하는 물의 비밀은?

누가 예쁜 꽃병을 갖다 놨네.

꽃병마다 물 모양이 달라 보여.

"으앙, 이를 어째."

울상을 짓고 있는 허영심을 보고 나선애가 물었다.

"어머, 온통 물바다네. 영심아, 어쩌다 이렇게 된 거야?"

"그게…… 꽃병을 창가로 옮기고 있었거든. 그런데 손이 미끄러워서 꽃병을 놓쳤어."

그때 용선생이 과학실로 들어와 물었다.

"저런! 꽃병이 깨졌구나. 어디 다치지는 않았니?"

"네, 괜찮아요. 근데 물이 다 흘러 버렸어요."

"꽃이랑 깨진 유리는 다시 주우면 되는데 물은 흐르니까 치우기가 어렵네요. 아휴, 물도 가만히 있으면 좋을 텐데……. 물은 왜 흐르는 걸까요?"

"그건 과학실부터 치우고 알아보자."

 ## 물은 어떤 상태일까?

과학실 정리가 끝나자 용선생이 말했다.

"유리와 물의 가장 큰 차이점이 무엇인 것 같니?"

용선생의 질문에 아이들이 대답했다.

"유리는 잡을 수 있는데, 물은 잡을 수 없어요."

"또 유리는 한곳에 가만히 있는데, 물은 흘러요."

"맞아. 유리와 물이 그렇게 차이가 나는 것은 둘의 상태가 달라서란다."

"상태가 다르다고요?"

"응. 지금부터 물질의 상태가 무엇인지 차근차근 알아보자. 일단 물질의 상태에는 고체, 액체, 기체, 이렇게 세 가지가 있어."

"아, 들어 본 적 있어요. 액체 세제 같은 거요."

"그래. 일상생활에서도 쓰는 말이지. 물질은 상태에 따라 특징이 달라. 먼저 물을 관찰하면서 액체의 특징을 알아보자. 물이 바로 액체야."

아이들이 고개를 끄덕이자 용선생은 물이 담긴 생수병과 빈 삼각 플라스크를 꺼냈다.

"생수병의 물을 삼각 플라스크로 옮기면 물의 모양은 어

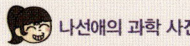

나선애의 과학 사전

물질 물체를 만드는 재료를 말해. 연필의 재료인 나무, 페트병의 재료인 플라스틱, 공의 재료인 고무 등이 물질이야.

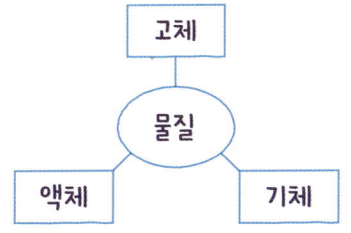

▲ 물질의 세 가지 상태

떻게 변할까?"

"음, 그야 생수병 모양에서 삼각 플라스크 모양으로 변하겠죠."

허영심이 대답하자, 용선생은 생수병의 물을 모두 삼각 플라스크에 따라 부었다.

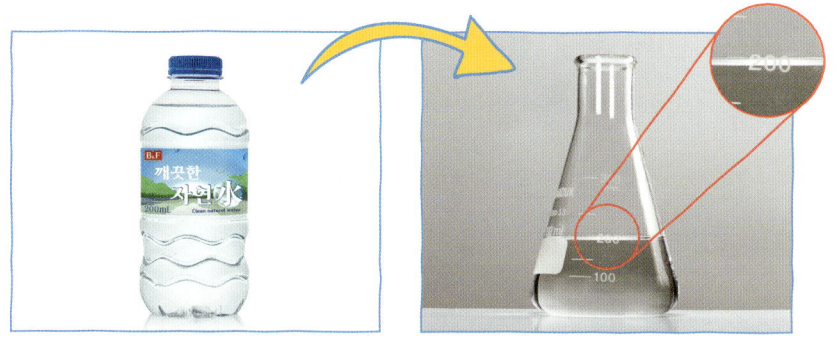

▲ 생수병에 담긴 물 　　　　▲ 삼각 플라스크에 담긴 물

"맞아, 액체는 담는 그릇에 따라 모양이 변해."

삼각 플라스크를 유심히 관찰하던 나선애가 물었다.

"선생님, 삼각 플라스크에 쓰여 있는 이 숫자는 뭐예요? 물이 딱 200이 쓰여 있는 높이까지 채워졌어요."

"이야, 선애의 관찰력이 대단한데? 삼각 플라스크에 쓰여 있는 숫자는 물의 부피를 나타내. 생수병에 쓰여 있는 숫자도 한번 확인해 봐."

"오, 여기에도 200이라고 쓰여 있어요."

"그렇지? 참고로 숫자 옆에 쓰여 있는 mL(밀리리터)는

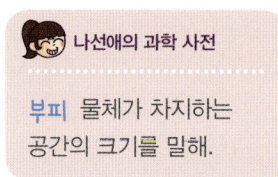

나선애의 과학 사전

부피 물체가 차지하는 공간의 크기를 말해.

▲ 생수병에 쓰여 있는 부피 표시

부피의 단위야. 그러니까 생수병에 담긴 물과 삼각 플라스크에 담긴 물의 부피는 둘 다 200 mL로 같다는 거지. 이처럼 액체는 담는 그릇에 따라 모양은 변하지만, 부피는 변하지 않아. 우리 주변에 또 어떤 액체들이 있을까?"

"음…… 우유랑 주스요."

"간장이나 딸기 시럽도요."

▲ 담는 그릇에 따라 모양이 변하는 주스

"그래, 잘 찾았어. 이외에도 식용유, 식초 등 여러 가지 액체가 있지."

용선생은 필통 속에 있는 지우개를 가리키며 말했다.

"다음으로 고체의 특징을 알아볼까? 고체의 예로 우리가 매일 쓰는 지우개가 있어."

용선생은 필통 안에 있던 지우개를 비커로 옮겼다.

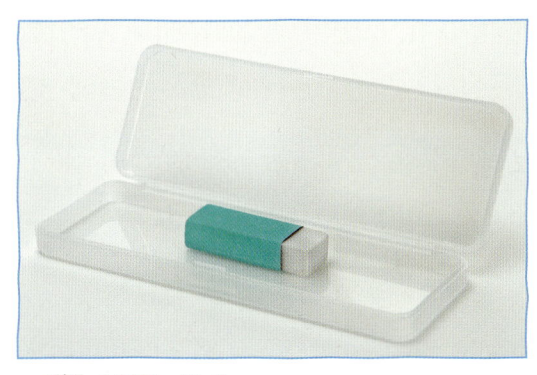
▲ 필통에 담긴 지우개

▲ 비커에 담긴 지우개

"지우개를 필통에서 비커로 옮겨도 지우개의 모양은 변하지 않지? 지우개의 부피도 변하지 않고. 이렇듯 고체는 액체와 달리 담는 그릇이 바뀌어도 모양과 부피가 변하지 않아. 고무, 유리, 나무, 철, 플라스틱, 종이도 고체야. 교실에서 고체인 물체를 찾을 수 있겠니?"

▲ 주변에서 볼 수 있는 고체인 물체

"연필이랑 공책이요."

"의자랑 책상도요."

"그래. 다들 잘 찾았어. 우리가 주변에서 볼 수 있는 물체들은 고체인 경우가 많아. 이제 마지막으로 기체의 특징을 알아보자."

"기체에는 어떤 게 있나요?"

"가장 쉽게 찾을 수 있는 기체는 바로 우리 주위 어디에나 있는 공기야."

용선생은 서랍에서 다양한 모양의 풍선을 꺼내 아이들에게 나눠 주었다.

"자, 풍선을 불어 보렴."

아이들은 힘껏 풍선을 불었다.

"헤헤, 이것 보세요. 풍선이 엄청 빵빵해졌어요!"

"하하, 풍선이 그렇게 부풀어 오른 건 풍선 안으로 공기를 불어 넣었기 때문이야. 여기에서 풍선은 공기를 담는 그릇인 셈이고, 공기는 풍선 안의 공간을 차지하고 있어. 자, 그럼 질문! 풍선 안의 공기는 어떤 모양일까?"

"음……. 풍선이랑 모양이 똑같을 것 같아요."

"맞아. 기체는 담는 그릇을 항상 가득 채우거든. 그래서 풍선에 담긴 공기는 풍선과 똑같은 모양으로 변하지."

"액체도 담는 그릇에 따라 모양이 변하잖아요? 기체와 액체는 무엇이 다른 거죠?"

"기체는 액체와 달리 담는 그릇에 따라 부피도 변해. 더 작은 그릇으로 옮기면 부피가 작아지고, 더 큰 그릇으로 옮기면 부피가 커지지. 그러니까 기체는 담는 그릇에 따라 모양과 부피가 모두 변하는 특징이 있어."

그러자 곽두기가 고개를 갸우뚱하며 물었다.

"그런데 기체는 또 어떤 게 있나요? 공기 말고는 딱히 생각나는 게 없어요."

◀ 다양한 모양의 풍선
풍선에 담긴 공기는 풍선 모양에 따라 모양과 부피가 변해.

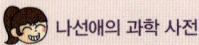

나선애의 과학 사전

산소 공기 중에 두 번째로 많은 기체야. 우리가 숨을 쉴 때 필요해.

질소 공기 중에 가장 많은 기체야. 식품을 포장할 때 많이 사용해.

헬륨 공기보다 가벼운 기체야. 풍선이나 비행선을 헬륨으로 채우면 하늘에 뜰 수 있지.

"알고 보면 공기 속에는 여러 가지 기체가 포함되어 있단다. 대표적으로 우리가 숨을 쉴 때 필요한 산소가 있어. 또 빵빵하게 부푼 과자 봉지 안에는 질소라는 기체가, 놀이공원에서 볼 수 있는 둥둥 떠오르는 풍선 속에는 헬륨이라는 기체가 들어 있지."

 **핵심정리**

고체는 담는 그릇이 바뀌어도 모양과 부피가 변하지 않아. 액체는 담는 그릇에 따라 모양은 변하지만 부피는 변하지 않지. 기체는 담는 그릇에 따라 모양과 부피가 모두 변해.

 ## 상태에 따라 특징이 다른 까닭은?

이때 나선애가 무언가 떠오른 듯 빠르게 말했다.

"아, 맞다. 물질의 상태가 뭔지 알았으니까, 이제 물이 왜 흐르는지 알려주세요."

"조금만 기다리렴. 아직 알아야 할 게 하나 남았거든. 물이 흐르는 까닭을 알려면 물질을 이루는 작은 알갱이에 대해 알아야 해."

"작은 알갱이요?"

"응. 사실 물질은 우리 눈에 보이지 않을 만큼 아주 작은 알갱이로 이루어져 있어. 이런 알갱이를 입자라고 하지. 입자들이 늘어서 있는 모습은 물질의 상태에 따라 서로 달라. 그래서 고체, 액체, 기체의 특징이 다르지. 그림을 보면서 자세히 알아보자."

용선생은 스크린에 그림을 띄웠다.

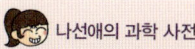

나선애의 과학 사전

입자 낱알 입(粒) 아들 자(子). 눈에 보이지 않을 정도로 매우 작은 알갱이를 말해.

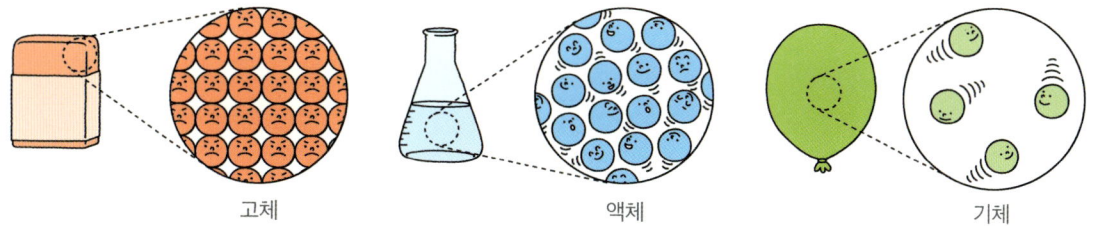

▲ 고체, 액체, 기체의 입자들이 늘어서 있는 모습

"이 그림은 물질의 상태에 따라 입자들이 늘어서 있는 모습을 나타낸 거야. 먼저 고체를 이루는 입자 사이의 거리가 어떤지 말해 볼래?"

"고체는 입자들이 아주 가까이 붙어 있어요."

"맞아. 고체를 이루는 입자들은 서로 아주 가깝고 규칙적으로 늘어서 있고, 제자리에 머물러 있어. 이런 특징 때문에 고체는 담는 그릇이 바뀌어도 모양과 부피가 변하지 않는 거야."

아이들이 고개를 끄덕이자 용선생은 두 번째 그림을 짚으며 물었다.

"액체를 이루는 입자는 어떠니?"

"고체에 비해 입자들이 조금씩 더 떨어져 있어요."

"그렇지. 액체를 이루는 입자들은 고체에 비해 입자 사이의 거리가 조금 더 멀고 불규칙적으로 늘어서 있어. 액체는 입자들이 고체에 비해 활발하고 자유롭게 움직일 수 있어서, 담는 그릇에 따라 모양이 변하지."

"선생님, 그러면 혹시 물이 흐르는 것도 입자와 관련이 있나요?"

"응. 액체는 입자들이 비교적 자유롭게 움직이기 때문에 모양을 잡아 줄 그릇이 없으면 특별한 모양을 이루지 않고 흘러 버린단다."

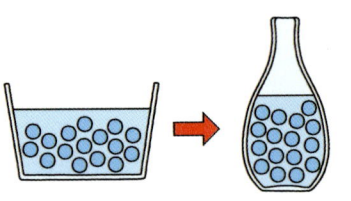
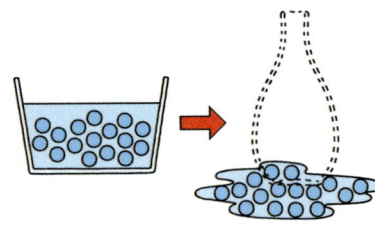

▲ **액체의 특징** 액체는 담는 그릇이 없으면 흘러 버려.

"아하, 그런 거군요."

"하지만 액체에서도 입자 사이의 거리는 변하지 않아. 그래서 담는 그릇이 바뀌어도 부피는 변하지 않지. 이제 마지막으로 기체를 살펴볼까?"

허영심이 얼른 나서며 말했다.

"기체를 이루는 입자들은 다 멀리 떨어져 있어요!"

"그래. 기체를 이루는 입자들은 서로 멀리 떨어져 있고

매우 불규칙하게 늘어서 있지. 또 입자들이 매우 활발하고 자유롭게 움직일 수 있어서 담는 그릇을 항상 가득 채워. 그래서 기체는 담는 그릇에 따라 모양과 부피가 변해."

그러자 장하다가 고개를 끄덕이며 말했다.

"우아! 고체, 액체, 기체의 특징이 다른 이유가 눈에 보이지 않는 입자 때문이었다니. 너무 신기해요."

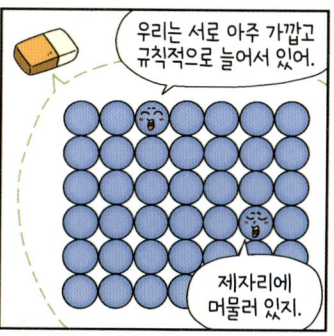

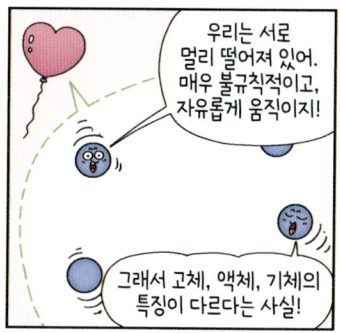

> **핵심정리**
>
> 물질의 상태에 따라 입자가 늘어서 있는 모습이 달라서 고체, 액체, 기체의 특징이 달라.

 ## 주르륵 흐르는 가루는 어떤 상태일까?

"자, 그럼 선생님이 물질의 상태에 관한 문제를 하나 내 볼 테니 맞혀 보렴."

용선생은 교탁 위에 덩어리 설탕과 가루 설탕이 각각 담긴 그릇을 올려놓았다.

"먼저 이 덩어리 설탕은 어떤 상태일까?"

▲ 덩어리 설탕

▲ 가루 설탕

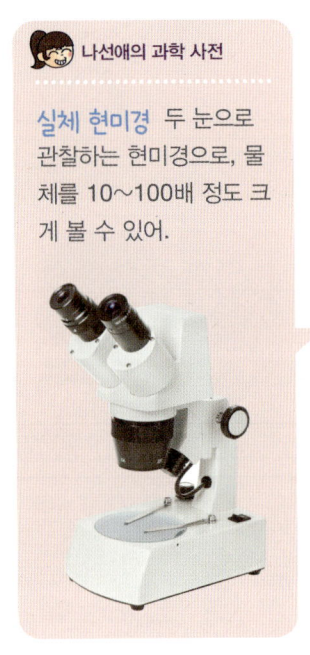

나선애의 과학 사전

실체 현미경 두 눈으로 관찰하는 현미경으로, 물체를 10~100배 정도 크게 볼 수 있어.

"덩어리 설탕은 고체예요! 담는 그릇이 바뀌어도 모양과 부피가 변하지 않으니까요."

"맞았어. 그럼 이 가루 설탕은 어떤 상태일까?"

아이들이 대답하지 못하고 머뭇거리는 사이 용선생은 가루 설탕을 주르륵 부어 다른 그릇으로 옮겼다.

"어, 가루 설탕은 그릇이 바뀌니까 모양이 변했어요."

"그럼 액체인가…… 으아, 갑자기 헷갈려요."

아이들이 웅성거리자 용선생이 말했다.

"자자, 선생님이 실체 현미경을 준비했어. 다들 여기 와서 가루 설탕을 자세히 관찰해 봐."

아이들은 실체 현미경으로 가루 설탕을 관찰했다.

"오, 알갱이 하나하나가 모양이 있어요."

"그렇지? 그럼 물 한 방울 크기의 아주 작은 그릇에 이 가루 설탕 알갱이 하나를 담는다고 생각해 보자. 가루 설탕 알갱이의 모양이 변할까?"

▲ 그릇 모양으로 변한 가루 설탕

▲ 실체 현미경으로 본 가루 설탕

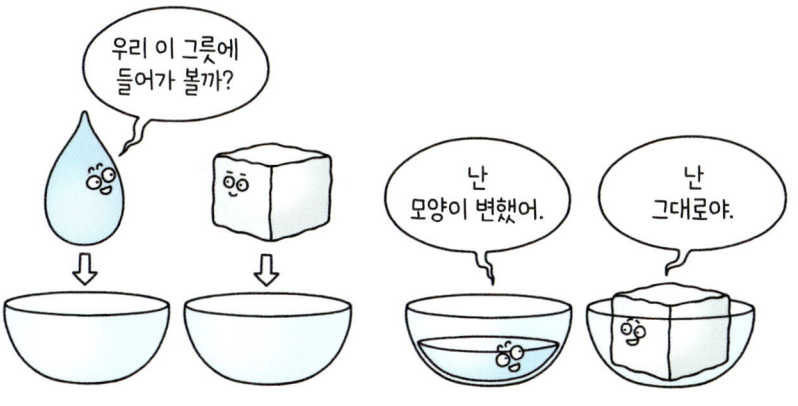

▲ 아주 작은 그릇에 물과 가루 설탕 알갱이를 넣을 때 물은 담는 그릇에 따라 모양이 변하지만, 가루 설탕 알갱이는 모양이 변하지 않아.

"아하! 알갱이 하나하나는 모양이 안 변하겠네요."

"맞아. 가루 물질의 전체 모양은 담는 그릇에 따라 변하지만, 알갱이 하나하나는 모양이 변하지 않아. 각각의 부피도 변하지 않고. 따라서 가루 설탕은 아주 작은 고체야. 모래나 소금 같은 가루 물질들도 아주 작은 고체란다."

아이들이 고개를 끄덕이는데, 장하다가 설탕으로 손을 뻗으며 말했다.

"선생님, 이제 이 설탕은 제가 먹어도 될까요?"

"하하하! 오늘은 물질의 상태에 대해 다들 열심히 공부했으니, 선생님이 설탕보다 달콤한 간식을 사 줄게."

"우아! 선생님 최고!"

핵심정리

가루 물질의 알갱이 하나하나는 담는 그릇이 바뀌어도 모양과 부피가 변하지 않아. 가루 설탕은 아주 작은 고체야.

나선애의 정리노트

1. 물질의 세 가지 상태

① 고체: 담는 그릇이 바뀌어도 ⓐ〿〿〿과 부피가 변하지 않음.

[예] 고무, 유리, 나무, 철, 플라스틱 등

② 액체: 담는 그릇에 따라 모양은 변하지만 ⓑ〿〿〿는 변하지 않음.

[예] 물, 우유, 주스, 간장, 딸기 시럽 등

③ ⓒ〿〿〿: 담는 그릇에 따라 모양과 부피가 모두 변함.

[예] 공기, 산소, 질소, 헬륨 등

2. 물질의 상태와 입자

① 입자: 물질을 이루는 아주 작은 알갱이

② 물질의 ⓓ〿〿〿에 따라 입자들이 늘어서 있는 모습이 달라서 고체, 액체, 기체의 특징이 각각 다름.

고체 　　　 액체 　　　 기체

ⓐ 모양 ⓑ 부피 ⓒ 기체 ⓓ 상태

과학퀴즈 달인을 찾아라!

●정답은 115쪽에

01

친구들이 이번 시간에 배운 내용에 대해 이야기하고 있어. 옳으면 O, 옳지 않으면 X를 표시해 줘.

① 액체는 담는 그릇에 따라 모양이 변해. (   )
② 기체는 담는 그릇이 달라져도 부피가 변하지 않아. (   )
③ 고체를 이루는 입자들은 규칙적으로 늘어서 있어. (   )

02

왕수재가 돌다리를 건너려고 해. 고체가 쓰여 있는 돌을 밟아야 안전하게 건널 수 있대. 아래 그림에서 고체를 찾아 왕수재가 무사히 돌다리를 건널 수 있게 도와줘.

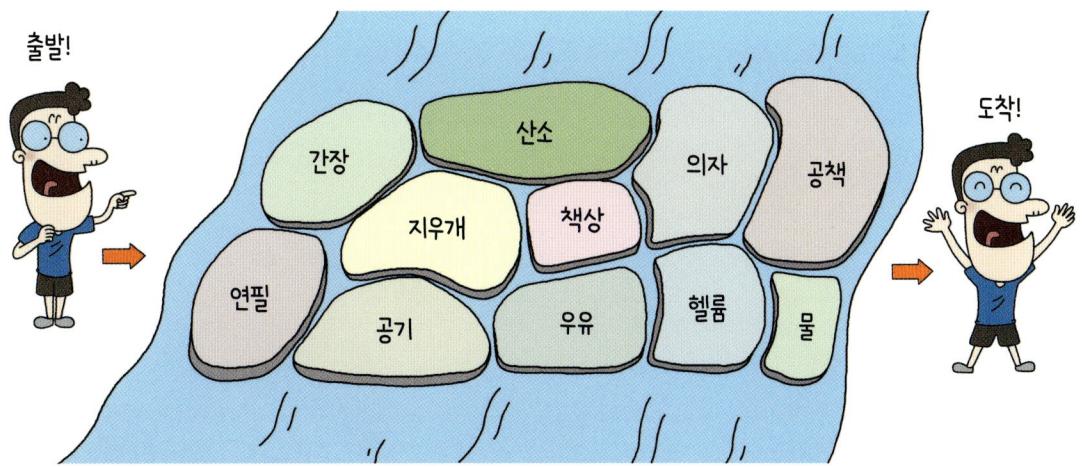

2교시 | 물질의 상태 변화

초콜릿이 물처럼 변한 까닭은?

우아, 초콜릿 분수다!

초콜릿이 꼭 물처럼 흐르네!

"헉! 선생님, 그게 다 뭐예요?"

용선생이 양손 가득 짐을 들고 오자 장하다가 물었다.

"아, 이건 초콜릿을 만들 재료들이야. 이번 학교 행사에서 초콜릿을 팔 생각이거든."

"우아! 초콜릿이요? 저도 만들어 볼래요."

"좋아, 그럼 다들 선생님을 도와줄래?"

용선생이 준비한 재료들과 초콜릿을 꺼내 놓자 허영심이 물었다.

"어라? 초콜릿을 만드신다더니, 이건 마트에서 파는 초콜릿이잖아요."

"응. 마트에서 파는 초콜릿을 사용해 하트 모양, 별 모양처럼 다양한 모양의 초콜릿을 만들 거야."

"정말요? 어떻게요?"

초콜릿의 변신!

"하하, 그 전에 지난 시간에 배운 고체와 액체의 특징을 생각해 볼까? 기억하고 있니?"

용선생의 질문에 나선애가 공책을 펼치며 대답했다.

"고체는 담는 그릇이 바뀌어도 모양과 부피가 변하지 않아요. 액체는 담는 그릇에 따라 모양은 변하지만 부피는 변하지 않고요."

"근데 갑자기 그건 왜요?"

용선생은 초콜릿을 하나 꺼내 들며 말했다.

"지금 이 초콜릿은 고체 상태야. 그런데 초콜릿이 액체가 된다면 어떨까?"

"액체가 된다면 담는 그릇에 따라 모양이 변하겠죠. 그런데 초콜릿이 액체로 변할 수 있나요?"

"물론이지. 초콜릿을 녹이면 액체가 돼."

▲ 고체 초콜릿

▲ 액체 초콜릿

▲ 초콜릿이 녹아 액체가 되면 다양한 모양으로 만들 수 있어.

그러자 허영심이 손가락을 탁 튕기며 말했다.

"아하! 초콜릿이 액체가 되면 여러 가지 모양의 그릇에 담아 다양한 모양으로 만들 수 있겠네요."

"그렇지. 그런 다음 초콜릿을 굳혀서 다시 고체로 만들면 원하는 모양의 초콜릿이 완성돼. 그러니까 초콜릿은 고체에서 액체, 액체에서 고체로 상태가 변할 수 있어."

"오호, 상태가 변할 수 있군요."

"사실 모든 물질은 한 가지 상태로만 존재하는 것이 아니라 다른 상태로 변할 수 있단다. 이처럼 물질의 상태가 변하는 현상을 상태 변화라고 해."

"어? 그럼 액체가 기체로 변할 수도 있나요?"

"물론이지. 직접 확인해 볼까?"

용선생이 소독용 알코올을 꺼내 아이들 손바닥에 뿌렸다.

"손바닥에 있는 알코올은 지금 무슨 상태지?"

"액체 상태요."

"맞아. 이제 알코올이 어떻게 변하는지 잘 지켜보렴."

잠시 후, 손바닥을 쳐다보고 있던 곽두기가 말했다.

"어라? 선생님! 알코올이 사라졌어요!"

"하하, 액체였던 알코올이 기체로 변한 거란다. 기체 상태의 알코올은 눈에 보이지 않거든."

나선애의 과학 사전

알코올 색이 없고 특유의 냄새가 나는 물질이야. 주로 소독제와 연료로 사용하지. 눈, 코, 입 등에 직접 닿으면 위험하니 주의해야 해.

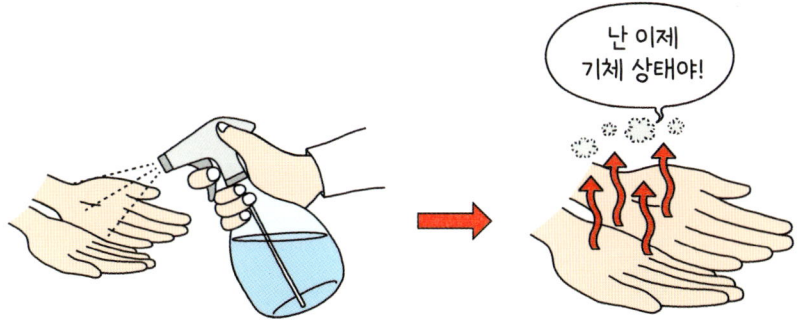

"오, 알코올이 액체에서 기체로 상태가 변한 거네요?"

"그렇지. 이처럼 고체가 액체나 기체로 변할 수 있고, 액체가 고체나 기체로 변할 수 있단다. 기체 역시 고체나 액체로 변할 수 있지."

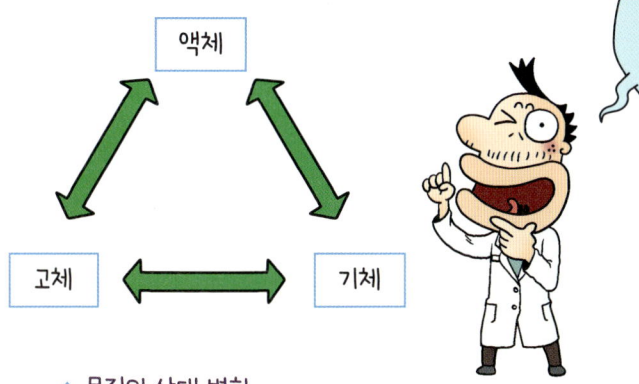

▲ 물질의 상태 변화

핵심정리

물질은 한 가지 상태로만 존재하는 것이 아니라 다른 상태로 변할 수 있어. 물질의 상태가 변하는 현상을 상태 변화라고 해.

 초콜릿이 녹으려면 무엇이 필요할까?

"선생님, 그런데 물질의 상태는 왜 변하는 거예요?"

왕수재가 고개를 갸웃거리며 물었다.

"그건 초콜릿이 녹았던 경험을 떠올려 보면 알 수 있지. 초콜릿은 어떨 때 잘 녹지?"

"그야 입속에 있을 때 잘 녹죠."

"손에 들고 있거나 주머니에 있을 때도 잘 녹아요."

아이들의 대답에 용선생이 슬며시 웃으며 물었다.

"너희가 말한 상황의 공통점이 뭘까?"

"아, 초콜릿을 따뜻하게 하면 녹는 거죠?"

"맞았어! 초콜릿이 따뜻해졌다는 건 온도가 높아졌다는 뜻이야. 물질은 온도에 따라 상태가 변한단다. 물질의 온도가 높아지면 물질의 상태는 고체에서 액체로, 액체에서 기체로 변해."

"그럼 아까 알코올이 액체에서 기체로 변한 것도 온도가 높아졌기 때문이겠네요?"

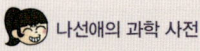

나선애의 과학 사전

온도 물질의 차갑고 뜨거운 정도를 숫자로 나타낸 거야.

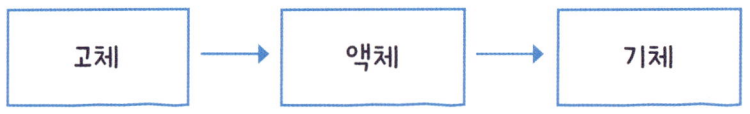

▲ 온도가 높아질 때 물질의 상태 변화

"맞아. 따뜻한 우리 손 때문에 알코올의 온도가 높아져서 기체로 변한 거지. 반대로 액체 초콜릿을 굳히려면 온도를 낮추면 돼. 쉽게 말해서 초콜릿을 차갑게 하면 된다는 말이야."

"오호, 그렇군요."

"이렇게 물질의 온도가 낮아지면 물질의 상태는 기체에서 액체로, 액체에서 고체로 변해."

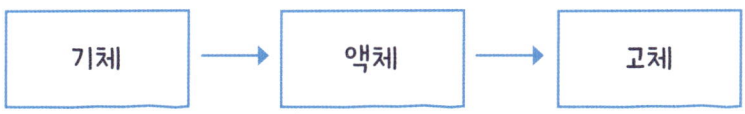

▲ 온도가 낮아질 때 물질의 상태 변화

물질의 상태는 온도에 따라 변해!

그러자 곽두기가 머리를 긁적이며 말했다.

"그런데요, 선생님. 물질의 상태는 왜 온도에 따라 변하는 거예요?"

"그건 물질의 온도가 높아지면 입자의 움직임이 활발해지고, 물질의 온도가 낮아지면 입자의 움직임이 둔해지기 때문이야."

"그래요? 좀 더 자세히 설명해 주세요."

"좋아. 고체, 액체, 기체를 이루는 입자들이 늘어선 모습을 비교해 보면서 알아보자. 이 그림을 봐."

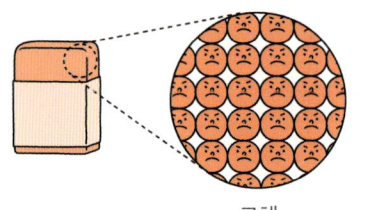
고체

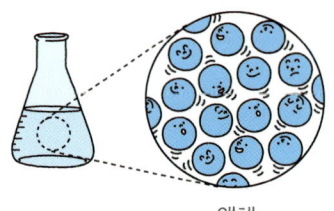
액체

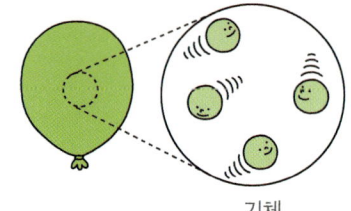
기체

 고체, 액체, 기체의 입자

"어, 지난 시간에 본 그림이네요."

"기억나지? 그렇다면 온도가 높아져 초콜릿이 녹을 땐 입자들의 움직임이 어떻게 변할까? 그림에서 고체와 액체의 입자를 잘 보고 답해 봐."

"음, 온도가 높아져 초콜릿이 고체에서 액체로 변하는 거니까…… 입자들의 움직임이 활발해져요."

용선생의 과학 현미경

압력과 상태 변화

물질의 상태는 온도뿐 아니라 물질을 누르는 힘인 압력에 따라서도 변해. 압력에 따라 물질의 상태가 어떻게 변하는지 알아볼까?
높은 압력으로 물질을 누르면 입자 사이의 거리가 가까워지고, 입자들이 점점 규칙적으로 늘어서게 돼. 그러면 기체에서 액체로, 액체에서 고체로 변하지. 반대로 물질을 누르는 압력이 약해지면 입자 사이의 거리가 멀어지고, 입자들이 점점 불규칙하게 늘어서면서 고체에서 액체로, 액체에서 기체로 변한단다.

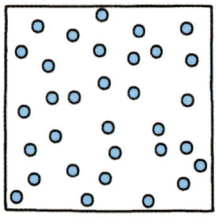
기체

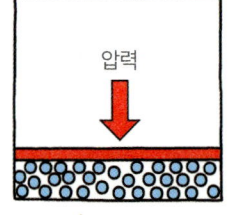
액체

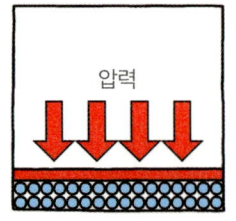
고체

◀ 압력에 따른 상태 변화

"맞아. 고체 초콜릿의 온도가 높아지면 초콜릿을 이루는 입자들의 움직임이 점점 활발해져. 그러다 입자들이 제자리를 벗어날 수 있을 정도로 활발해지면 초콜릿의 상태가 고체에서 액체로 변하는 거야."

"그럼 알코올이 기체로 변해 날아간 경우는요?"

"따뜻한 우리 손 때문에 알코올의 온도가 높아졌다고 했지? 액체 상태인 알코올의 온도가 높아지면 입자들의 움직임이 점점 활발해지다가, 공기 중으로 날아갈 수 있을 정도로 활발해지면 자유롭게 움직이면서 기체로 변해."

"오호, 그렇게 되는 거군요."

"그럼 초콜릿이 굳을 때는 반대인가요?"

"맞아. 이것도 그림에서 액체와 고체의 입자를 비교해 보면 알 수 있지. 액체 초콜릿의 온도가 낮아지면, 입자의 움직임이 점점 둔해져. 그러다가 제자리에 머무를 정도로 둔해지면 고체로 변해."

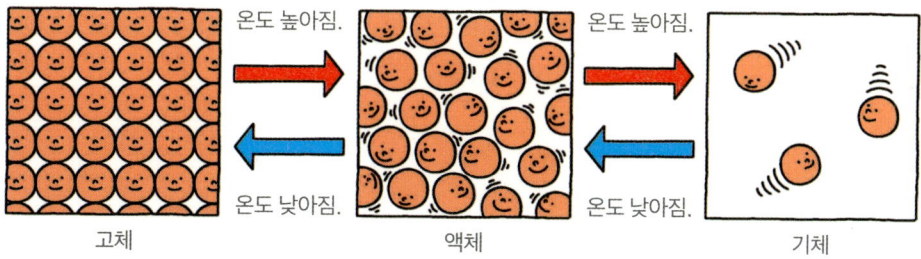

▲ 온도에 따른 물질의 상태 변화

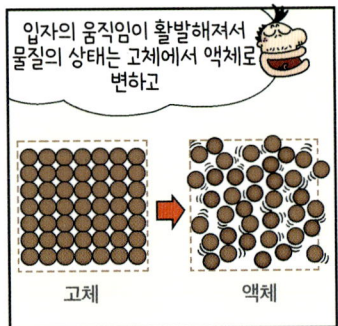

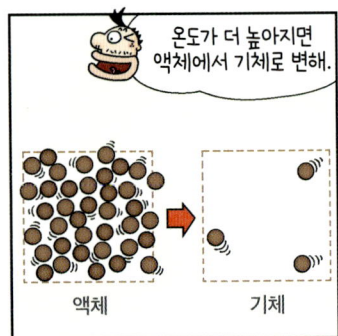

"기체에서 액체로 변할 때도 마찬가지고요?"

"그렇지! 잘 이해했구나."

물질의 온도가 높아지면 고체에서 액체, 액체에서 기체로 상태가 변해. 반대로 물질의 온도가 낮아지면 기체에서 액체, 액체에서 고체로 상태가 변하지.

 초콜릿이 녹아도 변하지 않는 것은?

"이제 녹인 초콜릿을 원하는 모양의 그릇에 담고 굳혀 보자."

아이들이 액체 초콜릿을 그릇에 담고 얼마 후, 그릇에 담긴 초콜릿을 지켜보던 장하다가 말했다.

"선생님! 초콜릿이 다 굳은 것 같아요."

"오, 벌써? 그럼 초콜릿을 확인해 볼까?"

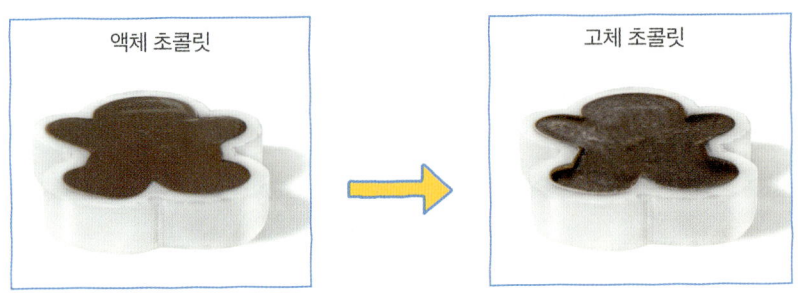

▲ 액체에서 고체로 변한 초콜릿

"어라? 아까 녹인 초콜릿을 그릇에 가득 채웠는데, 다 굳고 나니 초콜릿이 조금 줄어들었어요. 장하다! 너 혹시 몰래 초콜릿 떠먹은 거 아냐?"

왕수재의 말에 장하다가 고개를 가로저었다.

"아니야! 정말 먹고 싶었지만 꾹 참았어!"

"자자, 싸우지들 말고 왜 이런 일이 일어났는지 함께 알아보자."

왕수재와 장하다가 진정하자 용선생이 말했다.

"초콜릿이 굳고 나니 부피가 줄었지? 초콜릿의 부피는 저절로 변한 거란다. 액체가 고체로 변하면 부피가 조금 줄어들거든."

"정말요? 왜요?"

"물질의 상태가 변할 때 입자 사이의 거리가 달라지기 때문이야."

용선생은 그림을 짚으며 말했다.

▲ 액체에서 고체로 변할 때 입자 사이의 거리 변화

"고체와 액체의 입자를 나타낸 그림을 보자. 액체에서 고체로 변할 때 입자의 움직임이 둔해진다고 했지? 그러면서 입자 사이의 거리는 어떻게 달라질까?"

"더 가까워져요."

"그러면 부피는 어떻게 변할까? 부피는 물질이 차지하는 공간의 크기라는 걸 생각해 보렴."

"아, 입자 사이의 거리가 가까워지니까…… 부피가 줄어들겠네요."

"그렇지. 기체가 액체로 변할 때에도 마찬가지 이유로 부피가 줄어들어. 그렇다면 이와 반대로 고체에서 액체, 액체에서 기체로 변할 때에는 부피가 어떻게 변할까?"

"반대니까 늘어나겠죠."

"맞아. 입자의 움직임이 활발해져서 입자 사이의 거리가 멀어지니까 부피는 늘어나."

그러자 곽두기가 얼굴을 찡그리며 말했다.

"초콜릿을 굳히면 부피가 줄어드니까 왠지 손해인 것 같아요."

"하하하! 부피는 변하지만 변하지 않는 것도 있어. 그림을 봐. 상태가

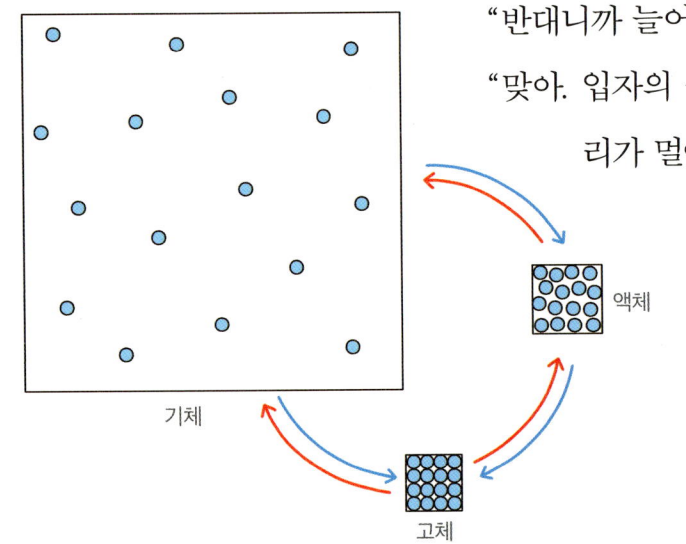

▲ **상태 변화에 따른 부피 변화** 액체가 기체로 변할 때에는 부피가 수백 배 이상 늘어나.

변하는 동안 물질을 이루는 입자가 빠져나가거나 새로 들어오지 않지? 즉, 입자의 개수는 달라지지 않아. 그래서 물질의 무게는 변하지 않는단다."

"오호, 무게는 변하지 않는군요."

"또 물질의 상태가 변해도 입자의 종류는 달라지지 않아. 입자의 종류가 그대로이니 맛과 색깔 같은 물질의 기본적인 성질도 변하지 않지."

"아하, 그래서 고체 초콜릿이든 액체 초콜릿이든 똑같이 맛있는 거군요."

용선생은 고개를 끄덕였다.

"자, 이제 초콜릿이 완전히 굳은 거 같구나. 하나씩 포장해 볼까?"

"네, 저희가 도와 드릴게요!"

"좋았어. 초콜릿을 더 녹여서 학교 행사에서 팔 초콜릿을 왕창 만들어 보자!"

"야호! 신난다!"

핵심정리

물질의 상태가 변할 때에는 입자 사이의 거리가 달라져서 부피가 변해. 하지만 입자의 개수와 종류는 그대로라서 무게와 기본적인 성질은 변하지 않아.

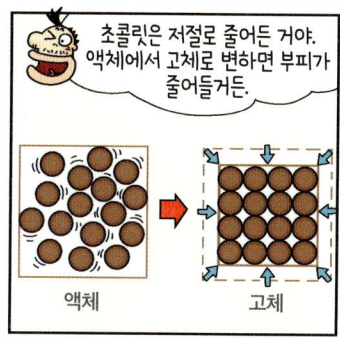

나선애의 정리노트

1. 상태 변화
① 물질의 상태가 변하는 현상
② 물질은 어느 한 가지 상태로만 존재하는 것이 아니라 다른 상태로 변할 수 있음.

2. 온도에 따른 물질의 상태 변화
① 물질의 ⓐ [　　] 가 높아지면 고체에서 액체로, 액체에서 기체로 상태가 변함.
② 물질의 온도가 낮아지면 기체에서 액체로, 액체에서 고체로 상태가 변함.

3. 상태 변화가 일어날 때 변하는 것과 변하지 않는 것
① ⓑ [　　] 는 변함.
　• 입자 사이의 거리가 달라지기 때문
② ⓒ [　　] 는 변하지 않음.
　• 입자의 개수가 달라지지 않기 때문
③ 기본적인 성질은 변하지 않음.
　• ⓓ [　　] 의 종류가 달라지지 않기 때문

ⓐ 온도 ⓑ 부피 ⓒ 물체 ⓓ 입자

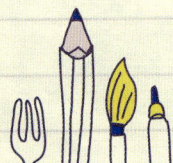

과학퀴즈 달인을 찾아라!

●정답은 115쪽에

01

친구들이 이번 시간에 배운 내용에 대해 이야기하고 있어. 옳으면 O, 옳지 않으면 X를 표시해 줘.

① 액체의 온도가 높아지면 고체로 변해. (   )

② 물질의 상태가 변할 때 물질을 이루는 입자 사이의 거리가 달라져. (   )

③ 물질의 상태가 변해도 부피는 변하지 않아. (   )

02

다음 [보기]의 괄호 속에 들어갈 낱말들이 네모 칸에 숨어 있어. 가로, 세로, 대각선으로 연결해서 괄호 속에 들어갈 낱말을 찾아봐.

> **보기**
> 1. 물질의 상태는 (   )에 따라 변할 수 있어.
> 2. 온도가 높아지면 (   )의 움직임이 활발해져.
> 3. 물질의 상태가 변할 때에는 입자 사이의 거리가 달라져서 (   )가 변해.

차	온	감	영
공	도	영	수
체	로	부	상
입	자	모	피

용선생의 과학 카페 | 용선생의 한국사 카페 | 용선생의 세계사 카페

https://cafe.naver.com/yongyong

용선생의 과학 카페

과학계의 핵인싸, 용선생의 과학 카페에 오신 걸 환영합니다.

Log in

오늘은 어떤 재미난 지식을 올려 볼까?

MENU

물리면 아프다
화학이 화하하
생물 오징어
지구는 둥글다

물질의 네 번째 상태, 플라스마

물질의 네 번째 상태가 있다는 이야기를 들어 봤니? 바로 플라스마야. 지금부터 플라스마에 대해 알아보자.

물질의 온도가 높아지면 고체에서 액체로, 액체에서 기체로 상태가 변해. 그런데 기체의 온도가 더 높아지면 기체를 이루고 있는 입자가 더 작은 입자들로 나뉘어서 고체, 액체, 기체와는 다른 상태로 변해. 이러한 네 번째 상태를 플라스마라고 해. 기체가 플라스마 상태로 변하면, 전기가 통하지 않던 물질이 전기가 통하는 등 기체일 때와는 다른 특징이 나타나.

온도가 높아짐.

 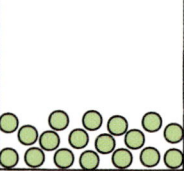 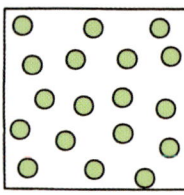 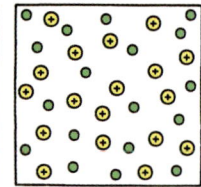

고체   액체   기체   플라스마

우주에는 플라스마 상태인 물질이 아주 많아. 예를 들어 태양도 플라스마 상태의 물질로 이루어져 있어. 태양 표면에서 플레어라는 폭발이 일어날 때에 이 플라스마 상태의 물질을 내보내.

 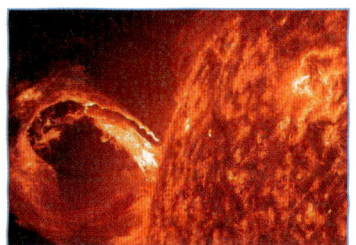

▲ 코로나   태양 대기의 가장 바깥층이야. 플라스마 상태의 물질로 이루어져 있어.

▲ 플레어   태양 표면에서 일어나는 폭발 현상이야. 플레어가 일어날 때 플라스마 상태의 물질이 나와.

지구에서도 플라스마와 관련된 현상을 볼 수 있어. 바로 오로라와 번개야. 오로라는 태양의 플레어를 통해 지구까지 날아온 플라스마 입자들이 공기와 부딪히며 빛이 나는 현상이야. 번개는 구름에서 땅으로 플라스마 상태의 물질이 한꺼번에 이동하면서 생기는 현상이지.

장하다의 오답을 피하는 방법

나선애의 야무진 실험실

왕수재의 아는 척 과학교실

허영심의 별 헤는 밤

곽두기의 빅뱅 따라잡기

▲ 오로라

▲ 번개

COMMENTS

- 난 어제 번개 치는 걸 봤어.
  └ 난 여행 가서 오로라를 본 적 있지.
  └ 어, 나는 플라스마와 관련된 현상을 본 적이 없는데…….
  └ 하하, 태양은 매일 보고 있잖니.

3교시 | 물의 상태 변화

냉동실 안 유리병을 깨트린 범인은?

"유리병이 깨져서 냉동실 안이 엉망이야."

"음료수도 못 먹게 됐어."

교과연계

초 3-2 물질의 상태
초 4-2 물의 상태 변화
중 1 물질의 상태 변화

유리병을 깨뜨린 범인은 이 안에 있어!

그게 누구죠?

물의 상태 변화

② 물질의 상태 변화

① 물질의 상태

④ 융해와 응고

⑤ 기화와 액화

⑥ 승화

장하다와 왕수재가 땀을 뻘뻘 흘리며 과학실로 들어왔다.

"헉헉, 축구를 했더니 너무 덥다. 어디 시원한 물 없나?"

"후후, 내가 이럴 줄 알고 어제 생수병에 물을 담아 과학실 냉동실에 넣어 놓았지. 냉동실을 열어 보면 꽁꽁 언 물이 있을 거야."

장하다의 말에 왕수재가 냉동실에서 생수병을 꺼냈다.

"앗, 생수병 좀 봐. 빵빵하게 부풀어서 터질 것 같아! 장하다, 너 생수병에 물을 너무 많이 넣은 거 아니야?"

장하다가 고개를 가로저으며 말했다.

"아니야, 어제 분명히 물을 가득 채우지 않았어."

"그럼 생수병이 왜 이리 빵빵하게 부풀었지? 누가 와서 물을 더 부은 것도 아닐 텐데, 정말 신기하네."

물이 얼 때 일어나는 특별한 변화는?

마침 과학실로 들어온 용선생이 말했다.

"그건 물이 얼 때 일어나는 특별한 변화 때문이란다."

"특별한 변화요?"

"응. 그 이야기를 하기 전에 물의 상태 변화에 대해 몇 가지 확인해 볼까? 물은 고체, 액체, 기체 상태일 때 이름이 다 달라. 혹시 그 이름을 알고 있니?"

용선생의 질문에 왕수재가 으스대며 말했다.

"에이, 그 정도는 기본이죠. 고체일 때는 얼음, 액체일 때는 물, 기체일 때는 수증기예요."

얼음

물

수증기

▲ **물의 세 가지 상태** 물은 상태에 따라 얼음, 물, 수증기로 불려. 주전자 주둥이 근처에 빨간 동그라미로 표시한 부분이 수증기야. 수증기는 우리 눈에 보이지 않거든. 그 위에 하얗게 보이는 것은 수증기가 다시 아주 작은 물방울이 된 거야.

"오호, 수재가 잘 알고 있구나. 그럼 물을 수증기로 만들려면 어떻게 해야 하는지도 알고 있니?"

"그야 물을 끓이면 되죠."

물

온도 낮아짐. 온도 높아짐.

얼음

수증기

▲ 물의 상태 변화

"그렇지. 물을 끓이면 온도가 높아져서 기체로 변해. 그럼 물을 얼음으로 만들려면 어떻게 해야 할까?"

용선생의 질문에 장하다가 자신 있게 말했다.

"제가 생수를 얼린 것처럼 물을 냉동실에 넣으면 돼요."

"맞아. 물을 냉동실에 넣으면 온도가 낮아져서 고체로 변한단다. 당연한 얘기이지만, 물도 다른 액체와 마찬가지로 기체나 고체로 변할 수 있어."

그때 곽두기가 머리를 긁적이며 말했다.

"선생님! 물도 다른 액체와 마찬가지로 상태가 변할 수 있다면, 도대체 물이 뭐가 특별하다는 거예요?"

"앞에서 말했듯이 특별한 변화는 물이 얼음이 될 때 일어나. 여기서 질문! 물이 얼면 부피는 어떻게 변할까?"

용선생의 질문에 나선애가 손을 번쩍 들었다.

"저요! 지난 시간에 초콜릿으로 확인했잖아요. 물질이 액체에서 고체로 변하면 부피가 줄어들어요. 그러니 물도 얼면 부피가 줄어들 거예요."

용선생이 미소를 지으며 말했다.

"정말 그럴까? 물을 직접 얼려 보면서 물의 부피가 어떻게 변하는지 확인해 보자."

"네, 좋아요!"

용선생은 플라스틱 시험관을 꺼냈다.

"지금부터 이 시험관에 물을 넣고 얼릴 거야. 시험관에는 물의 높이를 표시해 둘게. 물이 얼면서 부피가 늘어난다면 얼음의 높이가 높아질 것이고, 부피가 줄어든다면 얼음의 높이가 낮아지겠지?"

아이들이 고개를 끄덕이자 용선생이 시험관에 물을 채우고 말했다.

"이제 시험관을 냉동실에 넣을게."

시간이 충분히 지난 뒤 용선생은 냉동실에서 시험관을 꺼냈다.

"물이 다 얼었어. 처음 물의 높이는 검정색으로 표시했고, 지금 얼음의 높이는 빨간색으로 표시했지. 표시한 높이가 어떻게 변했는지 확인해 보렴."

"오, 얼음의 높이가 얼기 전 물의 높이보다 높아요. 그러니까…… 물이 얼면서

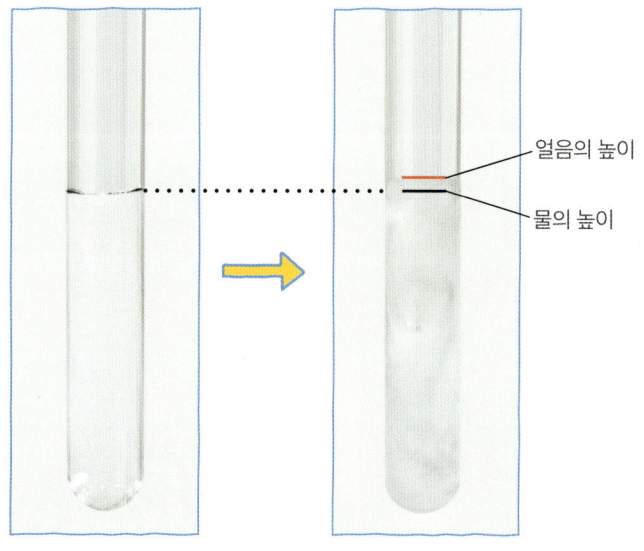

▲ 물이 얼 때 부피 변화

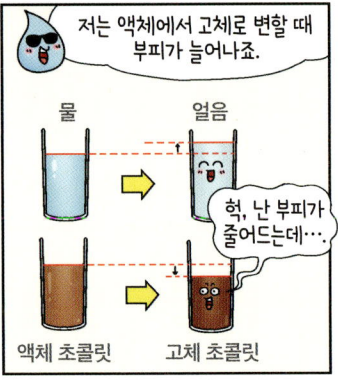

부피가 늘어났네요?"

"그렇지! 지난번에 알아보았듯이, 대부분의 물질은 액체에서 고체로 변할 때 부피가 줄어들어. 그런데 물은 액체에서 고체로 변할 때 부피가 늘어나. 이게 바로 물이 얼 때 일어나는 특별한 변화란다."

"아하, 이제 알았어요. 제가 얼린 생수병이 빵빵하게 부푼 까닭은 물이 얼면서 부피가 늘어났기 때문이군요."

"그렇지!"

물은 다른 물질들과는 달리 액체에서 고체로 변할 때 부피가 늘어나.

물이 얼 때 부피가 늘어나는 까닭은?

그때 나선애가 손을 들고 질문했다.

"선생님, 근데 물이 얼 땐 왜 부피가 늘어나요?"

"안 그래도 이제 막 설명하려던 참이었어. 지난 시간에 물질이 상태 변화할 때 입자 사이의 거리가 달라진다고 했지? 액체가 고체로 변할 때 입자 사이의 거리가 어떻게 달라졌는지 기억나니?"

"네, 액체가 고체로 변할 때에는 입자 사이의 거리가 가까워져요."

"그렇지. 그래서 액체가 고체로 변하면 부피가 줄어들어. 그런데 물은 다르단다. 물이 얼 땐 입자들이 특별한 모양을 이루어. 이 그림을 볼래?"

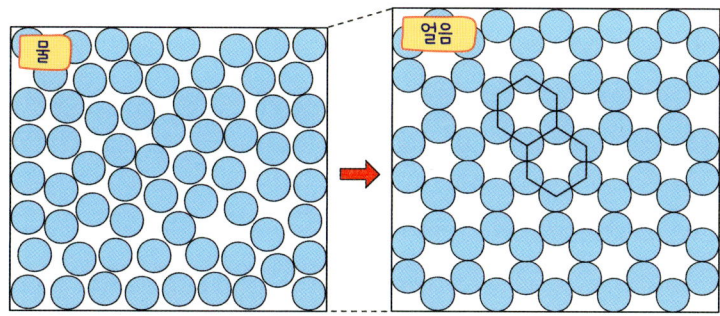

▲ 물이 얼음으로 변할 때 입자가 늘어서는 모습

용선생은 그림을 가리키며 말했다.

"이건 각각 물과 얼음을 이루는 입자들의 모습을 보여 주는 그림이야. 양쪽에 있는 입자의 개수는 같아."

"어? 그런데 얼음은 입자들이 늘어서 있는 모습이 다른 고체와 달라요."

"바로 그거야! 물일 때 흩어져 있던 입자들은 얼음이 되면서 속이 빈 육각형 구조를 이루어. 육각형 구조 안에 생기

장하다의 상식 사전

육각형 여섯 개의 직선으로 둘러싸인 평면 도형을 말해.

는 공간 때문에 얼음의 부피가 늘어나지."

"이야, 물은 정말 특별하네요."

> **핵심정리**
>
> 물이 얼음으로 변하면 입자들이 속이 빈 육각형 구조를 이루어. 육각형 구조 안에 생기는 공간 때문에 부피가 늘어나.

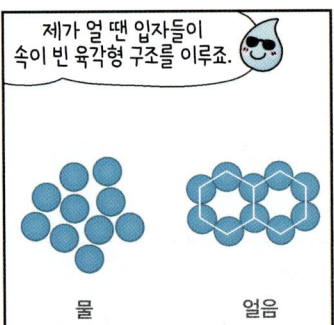

물의 부피 변화 때문이야

"이처럼 특별한 물의 부피 변화는 우리 생활에도 영향을 주고 있단다. 혹시 아주 추운 날, 수도관이나 수도 계량기가 터졌다는 이야기 들어 본 적 있니?"

"그럼요. 겨울마다 텔레비전 일기 예보에 나오잖아요."

▲ **수도 계량기** 수도관과 연결하여 수돗물 사용량을 확인하는 장치야.

"그래. 평소 수도관과 계량기에는 물이 가득 차 있어. 겨울이 되면 이 물이 얼면서 부피가 늘어나 수도관과 계량기가 터질 수 있지."

"앗, 그럼 제 생수병도 터질 뻔했던 건가요?"

"응, 만약 하다가 생수병에 물을 더 많이 채웠다면 생수병이 늘어난 부피를 버티지 못하고 터졌을지도 몰라. 그러니 병에 물을 담아 얼릴 때는 물을 가득 채우지 않게 주의해야 한단다."

▲ 물이 얼 때 늘어나는 부피를 버티지 못하면 병이 터질 수 있어.

용선생은 새로운 사진을 한 장 띄우며 말했다.

▼ 쪼개진 바위

"이게 무슨 사진인 거 같니?"

"바위가 쪼개진 것 같은데요? 거인이 세게 때리고 갔나 봐요, 헤헤."

"하하, 누가 일부러 쪼갠 게 아니야. 물이 얼면서 부피가 늘어나 바위가 쪼개진 거지."

"네에? 정말 물 때문에 바위가 쪼개졌다고요?"

"응. 물은 아주 작은 바위틈에도 스며들 수 있는데, 겨울이 되면 꽁꽁 얼어버려. 물이 얼면 부피가 커지니까 바위틈이 조금 벌어지지. 바위가 이런 일을 여러 번 겪다 보면, 더 이상 버티지 못하고 이렇게 쪼개진단다."

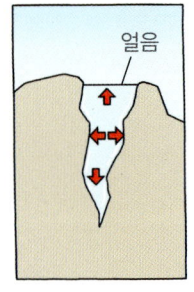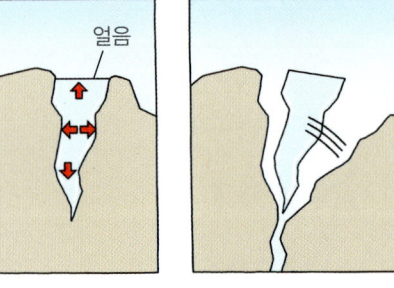

▲ 바위가 쪼개지는 과정

"우아, 물이 단단한 바위도 쪼갠다니 정말 대단해요."

그러자 허영심이 얼굴을 잔뜩 찌푸리며 말했다.

"물 때문에 계속 뭔가가 터지고, 쪼개지고…… 물이 얼면 안 좋은 일만 생기는 거 같아요."

"하하, 꼭 그렇지만은 않아. 물이 얼 때 일어나는 부피 변화를 일부러 이용하기도 하거든."

"어떻게요?"

"예를 들어, 옛날에는 바위를 자를 때 이 원리를 이용했

바위에 나란히 구멍을 뚫어.

구멍에 물을 붓고 얼 때까지 기다려.

▲ 커다란 바위를 원하는 크기와 모양으로 쪼개는 방법

어. 바위에 구멍을 뚫고 물을 부어 얼려서 원하는 크기와 모양으로 바위를 쪼갰지. 쪼갠 바위는 조각상을 만들거나 건물을 짓는 데 이용했고."

"오호, 조상님들이 참 지혜로우셨네요."

그때 왕수재가 생수병을 가리키며 말했다.

"하다야, 생수병의 얼음이 이제 다 녹았나 봐. 생수병이 원래 모양으로 돌아왔어."

"그러네. 물이 얼면 부피가 늘어나고, 녹으면 다시 원래 부피로 돌아가네. 이제 확실히 알겠어."

"하하하, 아주 좋아! 다들 수업 내용을 잘 이해했구나. 오늘 수업은 여기까지!"

물이 얼음으로 변할 때 일어나는 부피 변화는 우리 생활에 많은 영향을 주고 있어. 겨울철에 수도관과 수도 계량기가 터지고 바위가 쪼개지기도 해.

나선애의 정리노트

1. 물의 세 가지 상태
   ① 고체 상태: ⓐ
   ② 액체 상태: 물
   ③ 기체 상태: ⓑ

2. 물의 상태 변화
   ① 물은 액체에서 고체로 변할 때 다른 물질들과 달리 ⓒ 가 늘어남.
   ② 물이 얼음으로 변할 때 입자들은 속이 빈 ⓓ 구조를 이루기 때문

3. 물이 얼 때의 부피 변화 때문에 일어나는 현상
   ① 냉동실에 넣은 생수병이 부풂.
   ② 추운 날 수도관과 수도 계량기가 터짐.
   ③ 겨울철 바위틈의 물이 얼어 바위가 쪼개짐.

ⓐ 얼음 ⓑ 수증기 ⓒ 부피 ⓓ 육각형

 # 과학퀴즈 달인을 찾아라!

● 정답은 115쪽에

01

친구들이 이번 시간에 배운 내용에 대해 이야기하고 있어. 옳으면 O, 옳지 않으면 X를 표시해 줘.

① 물이 끓으면 수증기로 변해. (   )

② 물이 얼어 얼음이 되면 부피가 줄어들어. (   )

③ 얼음을 이루는 입자들은 육각형 구조를 이루고 있어. (   )

02

허영심이 밧줄을 타고 절벽을 건너려고 하고 있어. 아래 보기 의 괄호에 들어갈 말을 순서대로 따라가면 밧줄이 끊어지지 않고 무사히 건널 수 있대. 영심이가 건너편에 무사히 도착할 수 있게 도와줘.

> **보기**
> 1. 대부분의 물질은 액체에서 고체로 변할 때 부피가 (   ).
> 2. 물이 얼음으로 변할 때 물을 이루는 입자들은 (   ) 구조를 이루어.
> 3. 육각형 구조 안에 생기는 공간 때문에 물이 얼음으로 변하면 부피가 (   ).

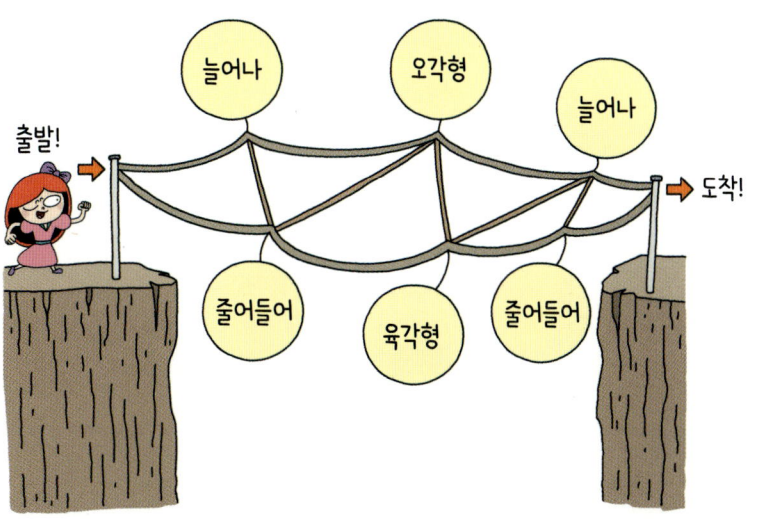

용선생의 과학 카페 | 용선생의 한국사 카페 | 용선생의 세계사 카페

  https://cafe.naver.com/yongyong

용선생의 과학 카페

과학계의 핵인싸,
용선생의 과학 카페에
오신 걸 환영합니다.

Log in

오늘은 어떤
재미난 지식을
올려 볼까?

MENU

물리면 아프다
화학이 화하하
생물 오징어
지구는 둥글다

얼음이 물 위에 둥둥 뜨는 까닭은?

▲ 바다에 떠 있는 커다란 빙산

 우아, 바다 한가운데에 커다란 얼음덩어리가 있어요. 엄청 무거울 것 같은데 어떻게 물 위에 떠 있죠?

 저건 빙산이야. 빙산처럼 커다란 얼음덩어리가 물 위에 뜰 수 있는 까닭은 물이 얼음으로 변할 때 부피가 늘어나는 현상과 관련이 있어.

 오호, 좀 더 자세히 설명해 주세요.

 물이 얼면 부피가 늘어나지만, 전체 무게는 변하지 않아. 그래서 물과 얼음을 같은 부피로 비교하면 얼음이 물보다 가볍지.

 아아, 그건 처음 알았어요!

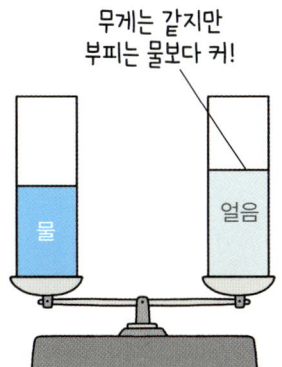
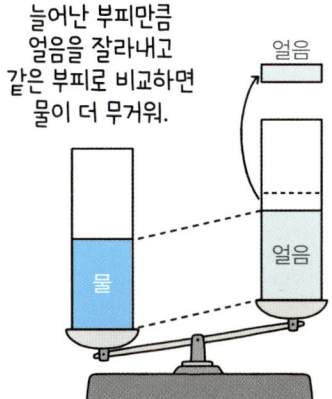

▲ 물과 얼음의 무게 비교

 얼음은 크든 작든 같은 부피의 물보다 늘 가벼워. 따라서 물컵에 넣는 작은 조각 얼음은 물론이고, 호수가 얼어서 생긴 넓은 얼음, 바다 위 커다란 빙산까지 얼음은 항상 물 위에 떠.

▲ 호수 위에 뜬 넓은 얼음

◀ 물컵 속 물 위에 뜬 작은 얼음

+

장하다의 오답을 피하는 방법
나선애의 야무진 실험실
왕수재의 아는 척 과학교실
허영심의 별 헤는 밤
곽두기의 빅뱅 따라잡기

COMMENTS

 원리를 알아도, 커다란 얼음이 물 위에 뜨는 건 신기해.
└ 흠……. 나는 물에만 들어가면 가라앉던데.
└ 너는 너무 많이 먹어서 무거우니까.
└ 그건 그렇지.

4교시 | 융해와 응고

눈으로 만든 집은 따뜻할까?

우아, 눈으로 만든 집이다.

눈으로 만든 집이라니, 엄청 추울 것 같은데······.

나선애가 과학실에 들어섰을 때, 장하다와 왕수재가 스마트폰으로 영상을 보고 있었다.

"뭘 그리 재미있게 보고 있어?"

"아, 눈으로 집을 만드는 영상이야."

"눈으로 집을 만든다고?"

"응. 사람들이 눈으로 만든 벽돌을 쌓아서 집을 짓고 있어. 눈으로 집을 만든다니 정말 신기하지?"

아이들의 말에 나선애는 시큰둥하게 말했다.

"흠, 눈으로 만든 집이라면 엄청 추울 것 같은데…… 그 안에서 어떻게 살지?"

그때 과학실로 들어온 용선생이 말했다.

"그 안을 따뜻하게 만들면 되지!"

"눈으로 만든 집 안을 따뜻하게 만든다고요? 어떻게요?"

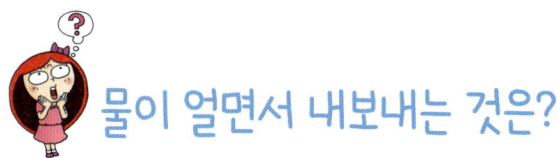 물이 얼면서 내보내는 것은?

"너희가 영상에서 본 눈으로 만든 집은 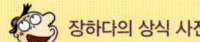이글루라고 해. 이글루에 사는 사람들은 이글루 안을 따뜻하게 하려고 여러 가지 방법을 사용한단다. 커다란 이글루에서는 안에 불을 피우기도 하지. 하지만 그보다 간단한 방법으로도 이글루 안을 따뜻하게 만들 수 있어."

"어떤 방법인데요?"

"바로 물을 이용하는 거야. 이글루 안쪽 벽에 물을 뿌려 얼리면 이글루 안의 온도가 높아지거든."

"정말요? 잘 이해가 안 돼요."

"하하, 간단한 실험을 통해 물이 얼 때 이글루 안의 온도가 높아지는 까닭을 알아보자."

"네, 좋아요!"

아이들이 자리에 앉는 사이 용선생은 비커와 온도계를 준비했다.

"자, 이 비커에 물을 담아 냉동실에 넣어 얼릴 거야. 물이 어는 동안 물의 온도는 어떻게 변할까?"

"그야 물의 온도가 계속 낮아지겠죠."

"과연 그럴지 확인해 보자고. 비커를 냉동실에 넣고, 2분

> **장하다의 상식 사전**
>
> **이글루** 북극 주변에 사는 이누이트 사람들이 눈으로 만든 집을 말해. 공을 반으로 자른 모양이야.

용선생의 과학 현미경

℃는 섭씨온도의 단위야. 15℃는 섭씨 15도라고 읽어. 섭씨온도는 셀시우스라는 스웨덴의 과학자가 1942년에 처음 사용했어. 우리나라를 비롯한 대부분의 나라에서 섭씨온도를 사용해.

마다 온도를 확인해 보자."

2분 후 허영심이 온도를 확인하며 말했다.

"처음 비커를 냉동실에 넣을 때 물의 온도는 15℃였는데 지금은 10℃예요."

"맞아. 지금 물의 온도가 낮아지는 까닭은 열이 이동하기 때문이야."

"열이 이동한다고요?"

"응. 온도가 다른 두 물질이 닿으면 따뜻한 물질에서 차가운 물질로 열이 이동해. 지금 하는 실험에서 물은 냉동실 안의 차가운 공기와 닿아 있지. 그럼 열은 어디에서 어디로 이동하고 있을까?"

"물이 더 따뜻하니까 물에서 냉동실 안 공기로 이동해요!"

"그렇지. 열이 이동하면 열을 잃은 물질은 온도가 낮아지고, 열을 얻은 물질은 온도가 높아져. 그래서 물의 온도가 낮아지는 거야. 계속해서 온도 변화를 지켜보자."

잠시 후 장하다가 냉동실 안을 보고 말했다.

"비커에 얼음이 생겼어요! 물이 얼기 시작하나 봐요. 물

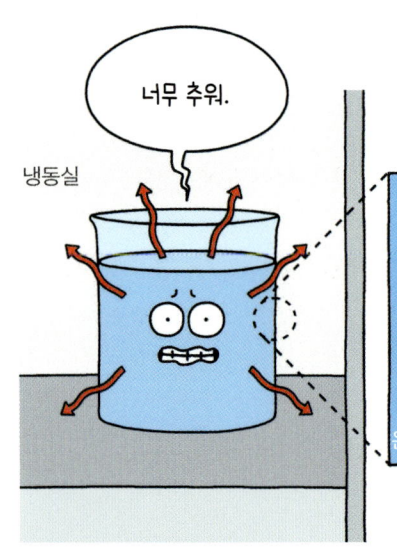
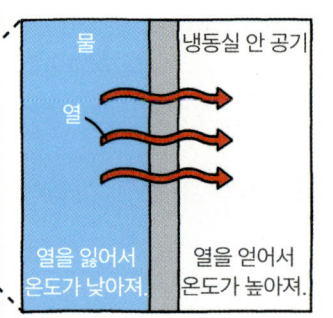

▲ 물이 어는 동안 열의 이동

의 온도는 0℃이고요."

"그렇지! 2분 간격으로 계속 확인해 보자."

시간에 맞춰 온도를 확인하던 나선애가 말했다.

"선생님, 물의 온도가 계속 0℃에 멈춰 있어요!"

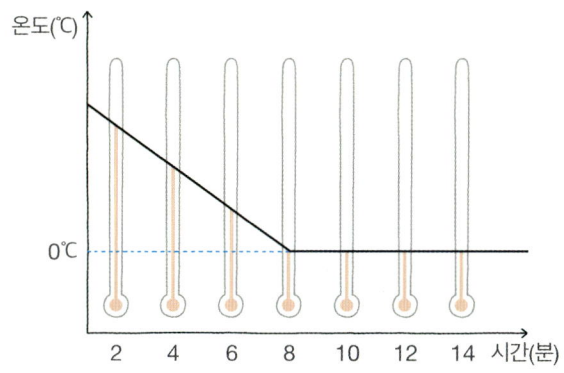

▲ 물이 어는 동안 온도 변화

"바로 그거야! 물은 0℃에서 얼기 시작해서 물이 얼음으로 상태가 변하는 동안 온도가 계속 0℃로 유지돼. 물질이 어는 동안 일정하게 유지되는 온도를 어는점이라고 해. 그럼 여기서 문제! 물이 어는 동안 열은 어디서 어디로 이동하고 있을까?"

"열이 이동하면 온도가 변한다고 했는데, 온도가 변하지 않으니…… 잘 모르겠어요."

"하하, 물이 어는 동안에도 열은 계속 물에서 냉동실 안 공기로 이동하고 있어."

 곽두기의 낱말 사전

유지 맬 유(維) 버틸 지(持). 어떤 상태를 그대로 보존하거나 변함없이 계속하여 이어 가는 것을 말해.

"네? 그럼 이상한데요? 물에서 냉동실 안 공기로 열이 이동하고 있는데 왜 물의 온도가 낮아지지 않아요?"

"물에서 얼음으로 상태가 변하는 동안 물에서 열이 생겨나거든. 주위에 열을 빼앗겨도 물이 얼면서 열이 생기니까 물이 어는 동안 물의 온도는 낮아지지 않아. 그리고 주변은 물이 내보낸 열을 받아서 온도가 올라가지."

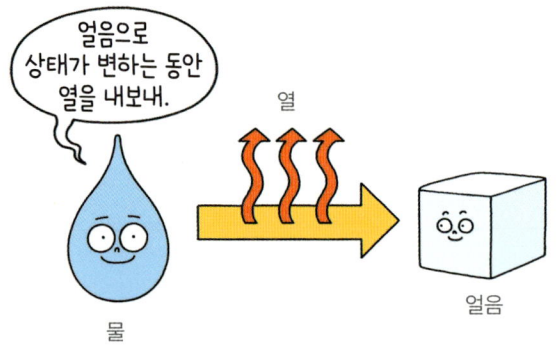

"헉, 물이 얼면서 열이 생겨나고, 주변은 이 열을 받아서 온도가 올라간다고요?"

"응, 이글루를 따뜻하게 만드는 방법도 이 열과 관련 있어. 차가운 이글루 벽에 물을 뿌리면 물이 얼면서 열이 생겨나고, 이 열을 주변으로 내보내. 이 열 때문에 이글루 안

의 온도가 높아지지. 이글루에 사는 사람들은 벽에 가끔씩 물을 뿌려서 이글루 안을 따뜻하게 만든단다."

"우아, 정말 신기하네요."

"하하, 사실 물뿐만 아니라 다른 물질도 마찬가지야. 물이 어는 것처럼 물질의 상태가 액체에서 고체로 변하는 현상을 응고라고 해. 응고가 일어나는 동안에 물질이 주변으로 내보내는 열을 응고열이라고 하지."

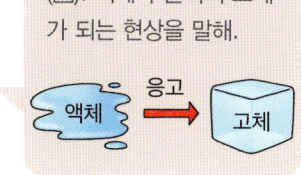

나선애의 과학 사전

응고 엉길 응(凝) 굳을 고(固). 액체가 굳어서 고체가 되는 현상을 말해.

액체 →응고→ 고체

핵심정리

물질의 상태가 액체에서 고체로 변하는 현상을 응고라고 해. 응고가 일어나는 동안에 물질은 주변으로 열을 내보내.

얼음이 녹을 때 열의 이동은?

그때 나선애가 손을 들고 물었다.

"선생님, 그럼 얼음에서 물로 변할 때에는 어떤 일이 일어나나요?"

"그렇지 않아도 그걸 알아보려고 했지."

용선생은 따뜻한 물이 담긴 수조를 꺼냈다.

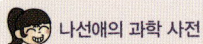

나선애의 과학 사전

영하 영 영(零) 아래 하(下). 0℃보다 낮은 온도를 말해.

"따뜻한 물이 담긴 수조에 얼음이 담긴 비커를 넣어서 얼음의 온도가 어떻게 변하는지 확인해 보자."

용선생은 얼음이 든 비커에 온도계를 꽂고, 따뜻한 물이 담긴 수조에 넣었다.

"영하 10℃, 영하 9℃…… 이번에는 얼음의 온도가 높아지네요."

"맞아. 그러면 열은 어디에서 어디로 이동하고 있을까?"

용선생의 질문에 왕수재가 손을 번쩍 들고 답했다.

"저요! 열은 따뜻한 물에서 차가운 얼음으로 이동해요."

"맞았어. 그래서 얼음의 온도가 높아지는 거야. 얼음의 온도 변화를 계속 지켜보자."

잠시 후 곽두기가 말했다.

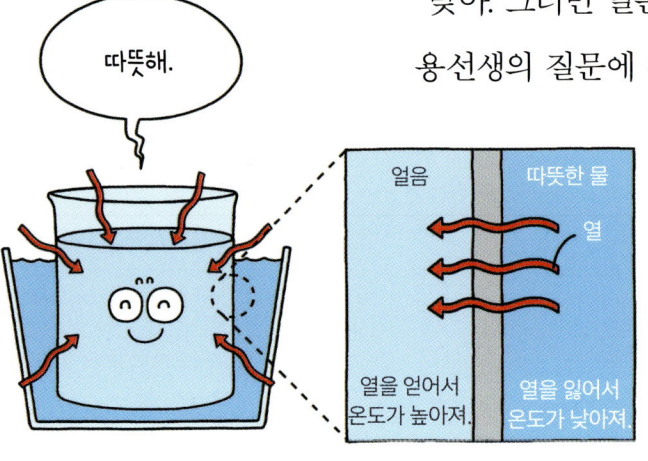

▲ 얼음이 녹는 동안 열의 이동

"선생님, 얼음이 녹기 시작했어요. 온도는 0℃에서 멈췄고요."

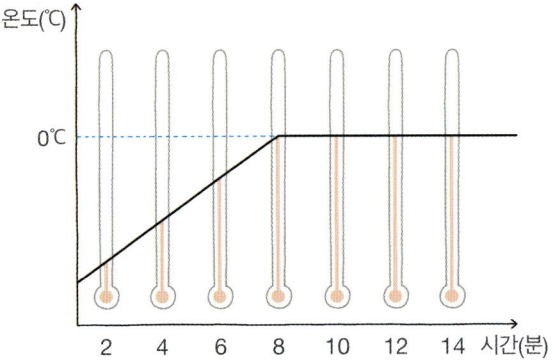

▲ 얼음이 녹는 동안 온도 변화

"그래. 물이 어는 동안 온도가 변하지 않았던 것처럼, 얼음이 녹는 동안에도 온도가 변하지 않아."

"그건 또 왜 그래요?"

"얼음에서 물로 상태가 변하는 동안에는 열이 상태 변화에 쓰이거든. 다시 말해 얼음이 주변에서 열을 흡수해 물로 변하는 거지. 그래서 얼음이 녹는 동안 얼음의 온도는 높아지지 않아. 반면 얼음 주변은 열을 잃어서 온도가 낮아진단다."

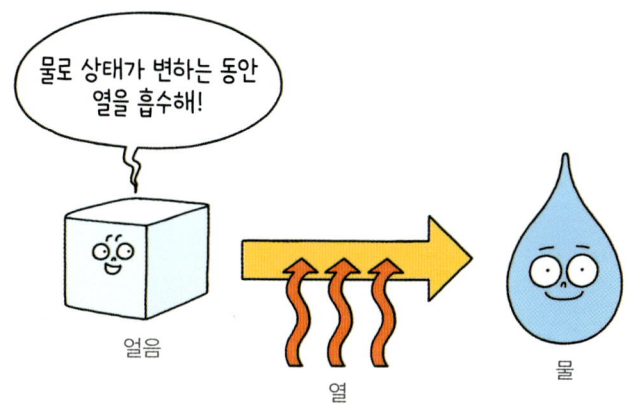

"아하, 그런 거였군요."

"응고와 반대로 물질의 상태가 고체에서 액체로 변하는 현상을 융해라고 해. 물뿐만 아니라 모든 물질은 융해하는 동안 주변의 열을 흡수하지. 이때 흡수하는 열을 융해열이라고 한단다."

허영심이 눈을 크게 뜨며 말했다.

나선애의 과학 사전

융해 녹을 융(融) 풀 해(解). 고체가 녹아서 액체가 되는 현상을 말해.

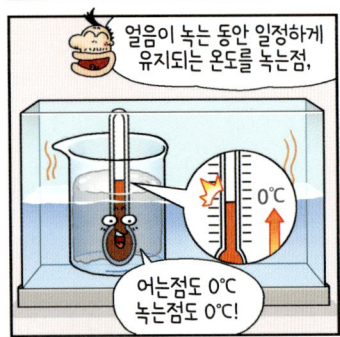

"어! 그런데 물은 0℃에서 얼고, 또 0℃에서 녹네요?"

"하하, 눈치가 빠른걸? 물질이 녹는 동안 일정하게 유지되는 온도를 녹는점이라고 하는데, 한 물질의 어는점과 녹는점은 같아."

물질의 상태가 고체에서 액체로 변하는 현상을 융해라고 해. 융해가 일어나는 동안 물질은 주변의 열을 흡수해.

 융해와 응고를 이용하자!

용선생은 물을 한 모금 마시고 말했다.

"우리 주변에서도 다양한 응고와 융해를 확인할 수 있어. 먼저 융해의 예부터 말해 볼래? 온도가 높아져 녹는 것들 말이야."

"따뜻한 빵에 버터를 바르면 버터가 녹아요."

"양초에 불을 붙이면 양초가 녹는 것도요."

"그렇지. 이번엔 응고가 일어나는 상황을 말해 볼까?"

용선생의 질문에 장하다가 장난스럽게 대답했다.

"녹은 버터가 식으면 굳고, 녹은 촛농도 식으면 굳어요. 둘 다 응고죠. 헤헤."

"뭐야, 장하다! 그건 아까 한 이야기를 반대로 말한 것뿐이잖아."

"하하, 그렇지만 맞는 말이야. 융해가 반대로 일어나는 게 응고거든. 사람들은 이러한 융해와 응고를 연달아 이용하기도 하지."

"어떻게요?"

▲ 따뜻한 빵에서 열을 얻어 융해가 일어난 버터

▲ 불꽃에서 열을 얻어 융해가 일어난 양초

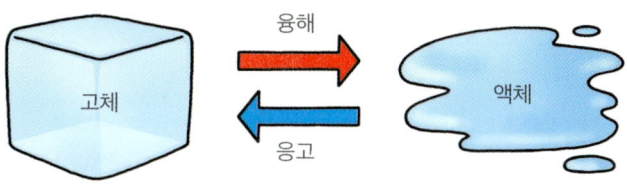
▲ 융해와 응고

"예를 들어 너희가 좋아하는 솜사탕은 설탕의 융해와 응고를 통해 만들 수 있어. 솜사탕 기계는 설탕을 녹여서 액체로 만들어 작은 구멍으로 내보내는 장치야. 녹은 설탕은 구멍 밖으로 나오자마자 굳어서 실처럼 가느다란 모양이 돼. 실처럼 변한 설탕을 둥그렇게 뭉친 게 솜사탕이지."

"와, 솜사탕이 설탕을 녹였다 굳힌 거였다니!"

"그밖에도 금속이나 플라스틱으로 다양한 모양의 물건

▲ 솜사탕 기계에서 설탕은 융해와 응고를 통해 실처럼 모양이 변해.

▲ 녹인 금속을 틀에 붓고 굳혀서 우리에게 필요한 물건을 만들어.

을 만들 때나 유리 공예를 할 때에도 융해와 응고를 이용한단다. 예를 들어, 금속을 녹여 원하는 모양의 틀에 넣어 굳히면 다양한 물건을 만들 수 있지. 한편 응고가 일어날 때 물질이 내보내는 응고열을 이용하는 경우도 있어."

용선생은 화면에 사진을 띄웠다.

▲ 유리 공예를 할 때에는 유리를 녹여 다양한 모양을 만들어.

▲ 추운 날 사과나무에 물을 뿌리는 모습

"우아! 나무에 얼음이 매달려 있어요! 뒤에서는 물을 계속 뿌리고 있고요. 왜 그러는 거예요?"

"기온이 낮은 날 사과나무가 어는 걸 막기 위해 과수원에서 물을 뿌려 얼리는 거야."

"사과나무가 어는 걸 막기 위해…… 얼린다고요?"

> **곽두기의 낱말 사전**
>
> **기온** 공기 기(氣) 온도 온(溫). 공기의 온도를 말해.

▲ 물이 응고하면 주변으로 응고열을 내보내. 얼음 주변은 열을 얻어서 온도가 높아져.

"하하, 잘 들어 봐. 봄에도 가끔 기온이 0℃보다 낮아질 때가 있어. 이런 경우 사과나무가 얼어서 피해를 입을 수 있지. 그래서 온도가 낮아진다는 일기 예보가 나오면 사과나무에 미리 물을 뿌려 둔단다. 실제로 온도가 낮아지면 나무에 뿌려 둔 물이 응고하면서 응고열을 내보내겠지? 이 응고열로 사과나무가 얼지 않게 보호할 수 있지."

"오호, 이글루에 물을 뿌려 따뜻하게 하는 거랑 비슷하네요."

"맞아. 둘 다 같은 원리를 이용하는 거야. 그럼 끝으로 아이스크림의 융해와 응고에 대해서 알아볼까?"

"오, 혹시 아이스크림을 사 주신다는 건가요?"

"물론이지! 다들 아이스크림 가게로 출발!"

핵심정리

융해와 응고를 이용해서 금속이나 플라스틱, 유리 등으로 다양한 모양의 물건을 만들어. 응고열을 이용해 사과나무가 얼지 않게 보호하기도 해.

나선애의 정리노트

1. 응고

① 물질의 상태가 액체에서 ⓐ 로 변하는 현상

　[예] 냉동실에 넣은 물이 얼음이 됨.

② ⓑ : 응고가 일어나는 동안 물질이 주변으로 내보내는 열

③ 응고가 일어나는 동안 물질의 온도는 변하지 않음.

2. 융해

① 물질의 상태가 고체에서 ⓒ 로 변하는 현상

　[예] 따뜻한 빵에 바른 버터가 녹음, 불을 붙인 양초가 녹음.

② ⓓ : 융해가 일어나는 동안 물질이 주변에서 흡수하는 열

③ 융해가 일어나는 동안 물질의 ⓔ 는 변하지 않음.

3. 응고와 융해의 이용

① 물질을 다양한 모양으로 만들기 위해 응고와 융해를 이용함.

　[예] 솜사탕, 유리 공예 등

② 이글루 안을 따뜻하게 하기 위해 응고열을 이용함.

③ 과수원에서 사과나무가 어는 걸 막기 위해 응고열을 이용함.

ⓐ 고체 ⓑ 응고열 ⓒ 액체 ⓓ 융해열 ⓔ 온도

과학퀴즈 🧪 달인을 찾아라!

● 정답은 115쪽에

01

친구들이 이번 시간에 배운 내용에 대해 이야기하고 있어. 옳으면 O, 옳지 않으면 X를 표시해 줘.

① 물이 얼음이 될 때 주변에서 열을 흡수해. (   )
② 양초에 불을 붙이면 양초가 융해되었다가 불을 끄면 녹았던 촛농이 다시 응고해. (   )
③ 얼음이 녹는 동안 온도는 계속 낮아져. (   )

02

장하다가 아이스크림 가게로 가는 길을 찾고 있어. 응고에 대한 설명 중 옳은 것을 따라가면 된대. 함께 길을 찾아보자.

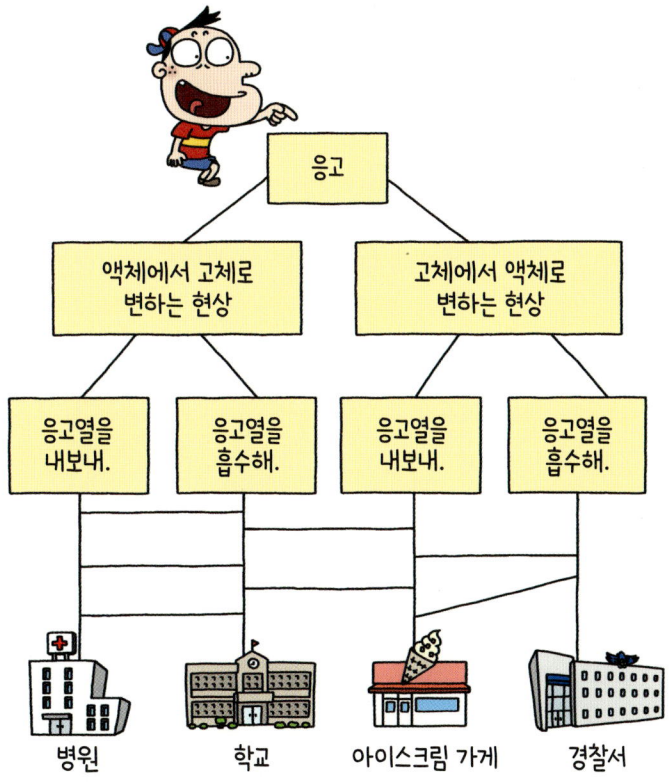

나선애가 과학실에 들어왔을 때, 허영심이 걱정이 가득한 표정으로 앉아 있었다.

"영심아, 무슨 일 있어?"

"그게, 오늘 예방 주사 맞으러 병원에 가거든. 근데 난 주사가 정말 싫어."

허영심의 말에 왕수재가 끼어들었다.

"에이, 잠깐 따끔한 것뿐이잖아. 그 정도도 못 참니?"

"힝, 하지만 정말 싫은걸. 특히 알코올 솜이 피부에 닿을 때 차가운 느낌이 너무 싫어."

"아, 맞아. 주사를 맞기 전에 꼭 알코올 솜으로 피부를 문지르더라. 나는 오히려 시원한 느낌이 좋지만."

가만히 대화를 듣고 있던 나선애는 고개를 갸웃했다.

"그런데 알코올 솜으로 피부를 문지르면 왜 시원해지는 걸까?"

 ## 알코올이 묻으면 왜 시원해질까?

마침 용선생이 과학실로 들어오며 말했다.

"우리가 시원함을 느끼는 건 온도가 낮아졌다는 뜻이야. 피부에 묻은 알코올이 기체로 변할 때 피부의 온도가 낮아진단다."

"알코올이 기체로 변한다고 피부의 온도가 왜 낮아져요?"

"그 이유는 실험을 통해 알아보자."

용선생은 비커와 가열 장치를 꺼냈다.

"단, 실험에는 알코올 대신에 물을 사용할 거란다."

"알코올 대신 물을 사용해도 피부가 시원해지는 이유를 알 수 있나요?"

"물론이야. 알코올과 물은 둘 다 액체이고, 액체가 기체로 변할 때 일어나는 일은 같거든. 그럼 이제 물을 가열해 보자."

용선생은 물이 담긴 비커에 온도계를 설치한 후 가열을 시작했다.

"온도가 계속 높아지네요. 30℃, 40℃…… 이제 50℃를 넘었어요."

"그래. 지난 시간에 배웠듯이 물질은 열을 얻으면 온도

> **곽두기의 낱말 사전**
>
> **가열** 더할 가(加) 더울 열(熱). 어떤 물질에 열을 가하여 덥히는 걸 말해.

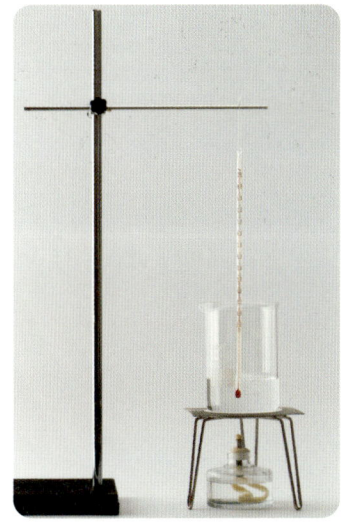

▲ **가열 실험 장치** 알코올은 불이 붙기 쉬워. 가열이 필요한 이번 실험에서는 물을 사용하는 게 더 안전하지.

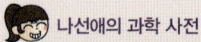

나선애의 과학 사전

기포 공기 기(氣) 거품 포(泡). 액체나 고체 속에 기체가 들어가 거품처럼 동그랗게 부풀어 있는 것을 말해.

가 높아져. 물은 가열 장치에서 열을 얻고 있단다."

잠시 후 허영심이 비커를 보고 말했다.

"선생님! 물속에서 거품이 올라오기 시작했어요!"

"아주 중요한 걸 발견했구나. 지금 생기는 기포는 물이 수증기로 변한 거야. 지금 물의 온도는 몇 ℃지?"

"100℃예요. 그런데 계속 가열해도 온도가 100℃에서 더 높아지지 않아요."

"맞아. 얼음이 녹거나 물이 어는 동안 온도가 변하지 않았던 것 기억나지? 물이 수증기로 변하는 동안에도 물의 온도는 변하지 않아. 이처럼 물질이 끓는 동안 일정하게 유지되는 온도를 끓는점이라고 해."

▲ 물을 가열하면 물이 수증기로 변하면서 기포가 생겨.

아이들이 고개를 끄덕이는데, 곽두기가 물었다.

"근데요, 선생님. 물을 계속 가열하는데 물의 온도는 왜 100℃에서 더 높아지지 않는 거죠?"

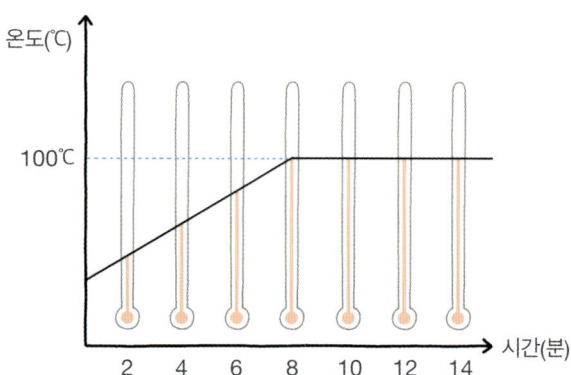

▲ 물이 끓는 동안 온도 변화

"그 이유는 얼음이 녹을 때와 비슷해. 얼음이 녹을 때 온도가 높아지지 않는 이유가 뭐였지?"

"얼음에서 물로 상태가 변하는 동안에는 열이 상태 변화에 쓰였어요."

"맞아. 물이 수증기로 상태가 변하는 동안에도 열이 상태 변화에 쓰여. 물이 열을 흡수해 수증기로 변하지. 그래서 물이 끓는 동안 물의 온도가 높아지지 않아."

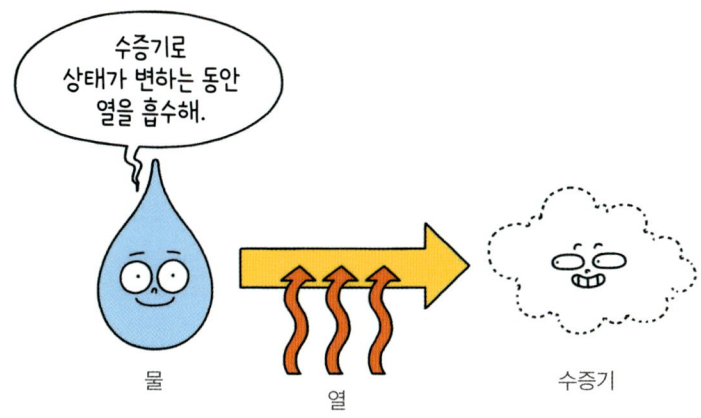

그때 허영심이 고개를 갸우뚱하며 물었다.

"선생님, 주사 맞을 때 피부에 문지르는 알코올은 가열하지 않았잖아요. 그런데 어떻게 기체로 변한 거죠?"

허영심의 질문에 용선생이 미소를 지으며 대답했다.

"좋은 질문이야. 물질의 상태가 액체에서 기체로 변하는 현상을 기화라고 하는데, 기화에는 두 가지가 있어."

나선애의 과학 사전

기화 공기 기(氣) 될 화(化). 액체가 기체로 변하는 현상을 말해.

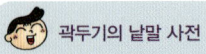
곽두기의 낱말 사전

표면 겉 표(表) 겉 면(面). 물체의 가장 바깥쪽으로, 겉으로 드러나 있는 부분을 말해.

"오, 자세히 설명해 주세요!"

"액체를 가열했을 때 액체가 표면과 속 모두에서 기체로 변하는 현상을 끓음이라고 해. 조금 전에 물이 끓을 때 물속에 생긴 기포는 물이 수증기로 변한 것이라고 했지? 실험으로 관찰한 현상이 바로 끓음이야."

"그럼 피부에 묻은 알코올이 기체로 변하는 건 끓음이 아니에요?"

"응. 끓음과는 달리, 액체가 표면에서만 기체로 변하는 현상은 증발이라고 해. 피부에 묻은 알코올이 기체로 변하는 게 바로 증발이지. 증발은 끓는점보다 낮은 온도에서 일어날 수 있어."

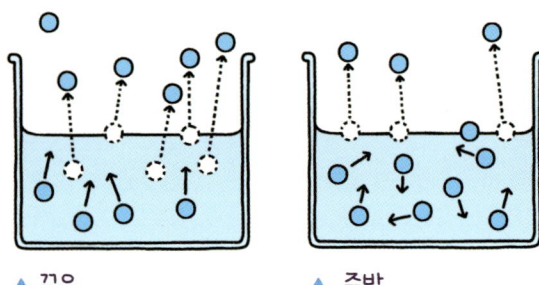
▲ 끓음 ▲ 증발

용 선생은 아이들을 둘러보고 말을 이었다.

"중요한 건 끓음이든 증발이든 기화가 일어나는 동안에 액체는 주변의 열을 흡수한다는 거야. 이 열을 기화열이라고 하지. 자, 그럼 여기서 질문! 액체가 증발하면 주변 온도는 어떻게 변할까?"

"음, 액체가 주변의 열을 흡수하니까…… 주변 온도는 낮아지겠네요."

"그렇지! 피부에 묻은 알코올은 피부에서 열을 흡수해서 증발해. 이때 피부는 열을 잃고 온도가 낮아지지. 그래서 알코올 솜으로 피부를 문지르면 시원해지는 거야."

"오호, 결국 증발이 일어나면 주변이 시원해지네요. 이제 확실히 알겠어요!"

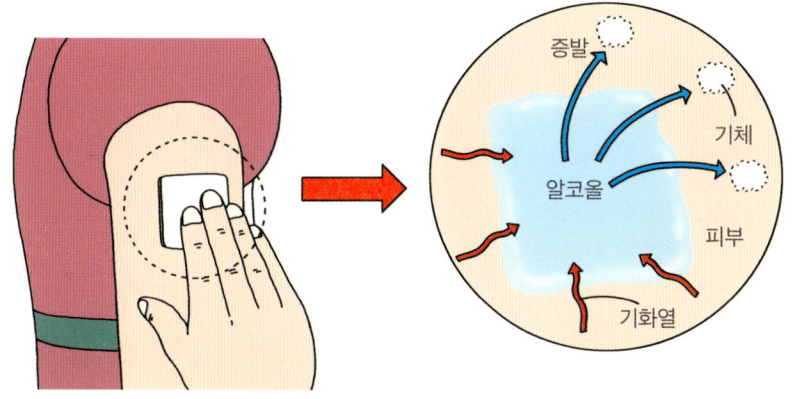

물질의 상태가 액체에서 기체로 변하는 현상을 기화라고 해. 기화에는 끓음과 증발이 있어. 기화가 일어나는 동안 물질은 주변의 열을 흡수해.

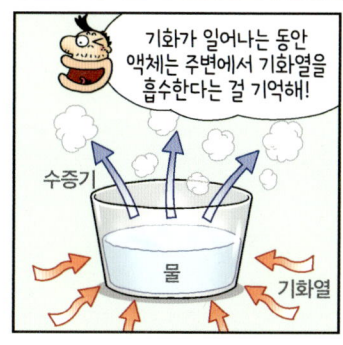

 컵에 맺힌 물방울은 어디서 왔을까?

그때 공책을 펼쳐 보던 나선애가 말했다.

"선생님, 지난 시간에 융해가 반대로 일어나는 것이 응고

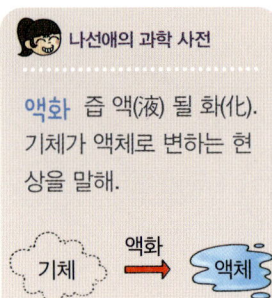

나선애의 과학 사전

액화 즙 액(液) 될 화(化). 기체가 액체로 변하는 현상을 말해.

라 하셨잖아요. 그럼 기화가 반대로 일어나기도 하나요?"

"오, 좋은 질문이야. 기화와 반대로, 물질의 상태가 기체에서 액체로 변하는 현상은 액화라고 해. 지난 시간에 물을 얼리기 위해 어떻게 했었는지 기억나니?"

"물을 냉동실에 넣어서 차갑게 만들었어요."

"그렇지. 액화도 마찬가지란다. 기체를 차갑게 해주면 액화가 일어나. 또 응고가 일어나는 동안 물질이 응고열을 내보내는 것처럼, 액화가 일어나는 동안에도 물질이 열을 내보내기 때문에 물질의 온도는 변하지 않아. 이 열을 액화열이라고 하지."

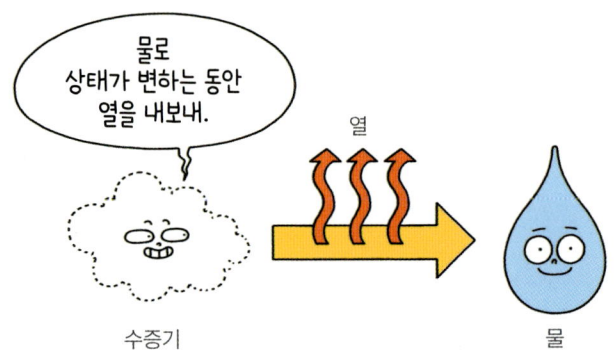

"그런데 기체가 액체로 변하는 경우는 어떤 게 있나요? 잘 떠오르지 않아요……."

"사실 지금 우리 눈앞에서도 액화가 일어나고 있어. 이 컵을 보렴."

▲ 컵 바깥쪽에 맺힌 물방울   ▲ 컵에 물방울이 맺히는 과정

용선생이 교탁에 올려둔 물컵을 가리키며 말했다.

"컵 바깥쪽에 물방울이 맺힌 게 보이니?"

"네, 설마 컵에서 물이 새는 건가요?"

"하하하! 이건 컵에서 물이 새어 나온 게 아니야. 공기 중에 있던 수증기가 차가운 컵을 만나 물방울로 변해 맺힌 거지."

그러자 장하다가 머리를 긁적이며 말했다.

"저는 컵이 더워서 땀 흘리는 줄 알았는데, 그게 아니었군요? 헤헤."

장하다의 말에 용선생과 아이들이 웃음을 터트렸다.

"액화의 또 다른 예를 들어볼까? 수재처럼 안경을 쓴 사

람들은 잘 알 거야. 수재야, 추운 날 밖에 있다가 집에 들어갔을 때 안경 렌즈가 뿌옇게 된 적 있니?"

"네. 추운 겨울에도 그렇고, 라면 먹을 때에도 안경 렌즈가 뿌옇게 변해요."

"그것도 수증기가 차가운 안경 렌즈를 만나 작은 물방울로 변한 거란다. 자연에서도 같은 일이 일어나. 이른 아침에 볼 수 있는 안개는 수증기가 차가운 공기에 닿아 물방울로 변한 거야. 또 이슬은 수증기가 차가운 풀잎이나 바위 같은 물체에 닿아 물방울로 변한 거지."

"오, 알고 보니 우리 주변에서 액화가 많이 일어나고 있네요."

▲ 이른 아침의 안개

▲ 풀잎에 맺힌 이슬

 **핵심정리**

물질의 상태가 기체에서 액체로 변하는 현상을 액화라고 해. 액화가 일어나는 동안에 물질은 주변으로 열을 내보내. 이른 아침에 낀 안개와 풀잎에 맺힌 이슬은 액화에 의한 현상이야.

전기를 쓰지 않는 냉장고의 비밀은?

"자, 그럼 재미있는 사실 하나 알려 줄게. 혹시 무더운 여름날 길거리나 건물 앞에서 안개 같은 것이 뿜어져 나오는 장치를 본 적 있니?"

"아! 본 적 있어요. 엄청 더운 날이었는데, 그 장치 아래는 시원했어요."

"후후, 장치 아래가 시원한 까닭은 기화와 관련이 있어."

"오, 기화랑요?"

"장치에서 나오는 건 아주 작은 물방울이야. 이 물방울은 증발하면서 주변 공기의 열을 흡수해. 그래서 장치 아래는 시원해지지."

▼ 더운 날 물을 뿌려 주는 장치

"아하, 기화를 이렇게 이용하고 있군요."

"응. 또 기화를 이용해 사막에서 시원한 물을 마실 수 있고, 더운 나라에서 과일과 채소를 시원하게 보관할 수 있어. 전기 없이도 말이야."

"에이, 선생님도 참. 전기가 없으면 냉장고도 쓰지 못하는데 어떻게 그래요."

"하하, 다 방법이 있지."

용선생은 화면에 사진을 띄웠다.
"이 사진을 볼래? 이게 무엇인 것 같니?"

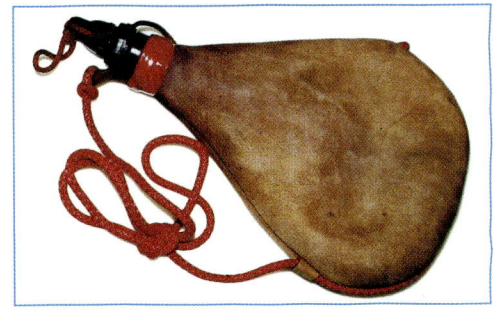

▲ 가죽 물주머니

"글쎄요……. 혹시 가죽으로 만든 주머니인가요?"

"맞아. 옛날 사람들은 사막을 건널 때 이 가죽 물주머니에 물을 담았단다. 가죽에는 눈에 보이지 않는 아주 작은 구멍이 있어서 속에 담긴 물이 매우 조금씩 겉으로 새어 나와 증발하지."

"아하! 증발이 일어나니 가죽 물주머니의 온도는 낮아지고, 그 안에 담긴 물은 시원해지겠네요."

"그렇지!"

▲ 가죽 물주머니의 원리

▲ 항아리 냉장고

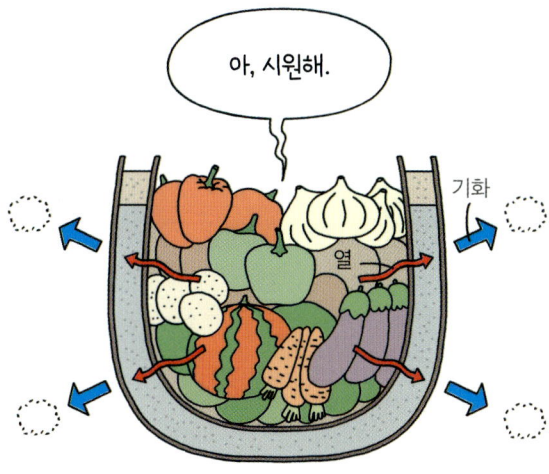
▲ 항아리 냉장고의 원리

용선생은 사진을 바꾸며 말을 이었다.

"이 장치는 큰 항아리와 작은 항아리 사이에 모래를 채운 것으로, 항아리 냉장고라고도 불러. 역시 기화의 원리를 이용하지. 모래에 물을 부어 두면 큰 항아리에 있는 아주 작은 구멍을 통해 물이 조금씩 밖으로 새어 나와. 새어 나온 물이 증발하면 항아리 안의 온도가 낮아지지."

"그럼 그 안에 음식을 시원하게 보관할 수 있겠네요."

"맞아. 그래서 이 항아리는 전기를 사용할 수 없는 지역에서 냉장고처럼 쓰여."

"간단하지만 정말 대단한 일을 하는 항아리네요."

"그렇지? 이처럼 옛날에도, 지금도, 사람들은 기화의 원리를 이용하고 있단다. 그럼 오늘 수업은 여기까지!"

핵심정리

더운 날 물을 뿌려 주는 장치, 가죽 물주머니, 항아리 냉장고는 모두 물의 기화를 이용해 온도를 낮춰.

나선애의 정리노트

1. 기화
① 물질의 상태가 액체에서 기체로 변하는 현상
② ⓐ [　　　]과 증발이 있음.
  • 끓음: 액체가 표면과 속 모두에서 기체로 변하는 현상
    [예] 물이 끓어서 수증기로 변함.
  • 증발: 액체가 표면에서만 기체로 변하는 현상
    [예] 피부에 묻은 알코올이 기체로 변함.
③ 기화열: 기화가 일어나는 동안 물질이 주변에서 ⓑ [　　　]하는 열
④ 기화가 일어나는 동안 물질의 온도는 변하지 않음.

2. 액화
① 물질의 상태가 기체에서 액체로 변하는 현상
  [예] 차가운 컵에 이슬이 맺힘.
② ⓒ [　　　]: 액화가 일어나는 동안 물질이 주변으로 내보내는 열
③ 액화가 일어나는 동안 물질의 온도는 변하지 않음.

3. 증발의 이용
① 물이 ⓓ [　　　]하면 주변이 시원해짐.
  [예] 가죽 물주머니, 항아리 냉장고 등

ⓐ 끓음 ⓑ 흡수 ⓒ 액화열 ⓓ 증발

 # 과학퀴즈 달인을 찾아라!

●정답은 115쪽에

01

친구들이 이번 시간에 배운 내용에 대해 이야기하고 있어. 옳으면 O, 옳지 않으면 X를 표시해 줘.

① 물이 수증기로 변하는 동안 주변으로 열을 내보내. (   )
② 액체가 끓으면 표면에서만 기체로 변해. (   )
③ 증발이 일어나면 주변의 온도는 낮아져. (   )

02

다음 보기 의 문장 속 괄호에 들어갈 말을 순서대로 이으면 어떤 모양이 나온대. 정답을 찾아서 어떤 모양이 나오는지 그려 봐.

> 보기
>
> 물질의 상태가 액체에서 (   )로 변하는 현상을 기화라고 해. 기화에는 끓음과 (   )이 있어. 기화가 일어나는 동안 물질은 주변에서 열을 (   )해서 주변의 (   )는 낮아져.

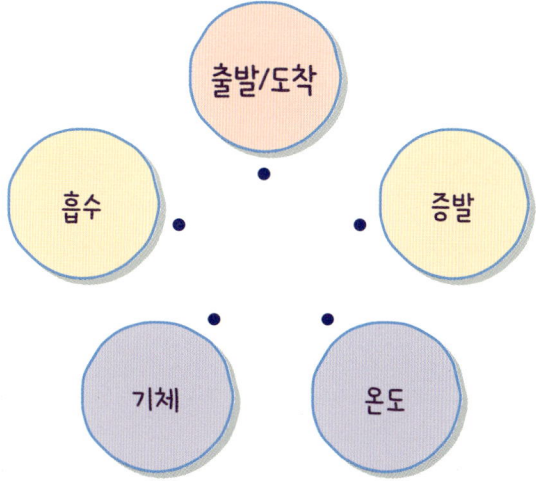

| 용선생의 과학 카페 | 용선생의 한국사 카페 | 용선생의 세계사 카페 |

https://cafe.naver.com/yongyong

용선생의 과학 카페

과학계의 핵인싸, 용선생의 과학 카페에 오신 걸 환영합니다.

[Log in]

오늘은 어떤 재미난 지식을 올려 볼까?

MENU

물리면 아프다
화학이 화하하
생물 오징어
지구는 둥글다

액화를 이용해 가뭄을 이겨 내!

아프리카의 많은 지역에서는 오랫동안 가뭄이 계속되고 있어. 그래서 사람들이 마실 물을 얻지 못해 고통을 받고 있지. 이곳 사람들은 매일 6시간 넘게 걸어 다니며 물이 있는 곳을 찾지만, 힘들게 찾은 물도 흙탕물이거나 오염된 물이라 마시면 오히려 몸에 해로워.

▲ 오랜 가뭄으로 인한 물 부족

▲ 오염된 물을 긷는 사람들

많은 사람들이 이러한 물 부족 문제를 해결할 방법을 찾고 있어. 그 중 하나가 '와카 워터'야. 와카 워터는 공기 중에 있는 수증기를 물로 변화시켜 모으는 장치이지. 와카 워터는 풀잎에 이슬이 맺히는

▼ 풀잎에 맺힌 이슬

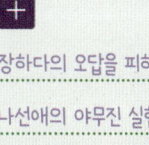

- 장하다의 오답을 피하는 방법
- 나선애의 야무진 실험실
- 왕수재의 아는 척 과학교실
- 허영심의 별 헤는 밤
- 곽두기의 빅뱅 따라잡기

▲ 와카 워터

원리를 이용해. 밤새 기온이 낮아지면 공기 중의 수증기는 차가운 풀잎에 닿아 액화하여 이슬이 돼. 차가운 컵에 물방울이 맺히는 것처럼 말이야.

와카 워터는 그물로 이루어져 있는데, 기온이 낮아지는 밤 동안 공기 중의 수증기가 차가운 그물에 닿아 액화하여 물방울로 맺히지. 와카 워터는 이 물방울을 한 곳으로 떨어지게 해서 물을 모은단다.

와카 워터 하나에서 하룻밤 사이에 약 50명이 마실 물이 모여. 액화를 이용해 공기에서 물을 모으는 와카 워터, 정말 대단하지?

COMMENTS

 역시 티끌 모아 태산이네!
└ 내 용돈도 열심히 모으면 태산이 될까?
└ 매일 군것질하면 모을 티끌도 없지.
└ 윽, 하지만 군것질은 포기할 수 없어!

교과연계

초 3-2 물질의 상태
초 4-2 물의 상태 변화
중 1 물질의 상태 변화

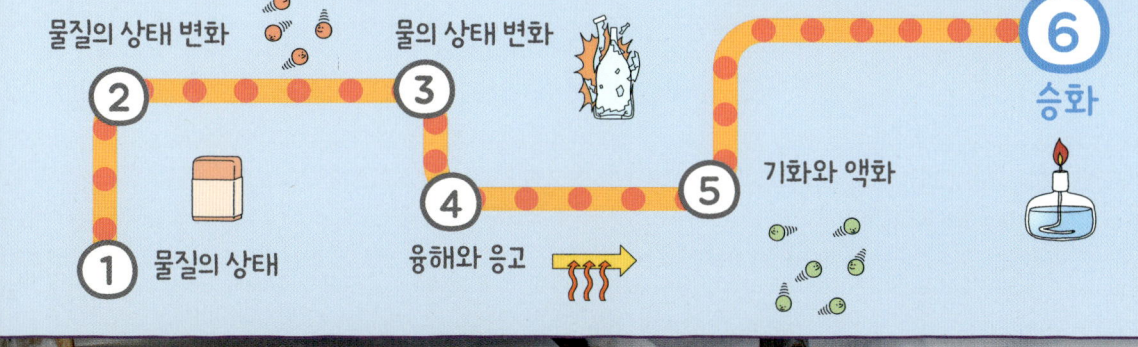

"히힛, 얼른 라면 먹어야지."

"하다야, 지금 뭐 하고 있니?"

용선생의 목소리에 깜짝 놀란 장하다가 라면 수프를 모두 쏟고 말았다.

"으악! 선생님 오시기 전에 빨리 먹으려고 했는데, 죄송해요."

"이런, 과학실에서 컵라면을 먹으면 안 되지. 일단 쏟아진 라면 수프부터 치워야겠다."

"네, 바로 치울게요."

어느새 과학실에 들어온 허영심이 쏟아진 라면 수프를 가리키며 물었다.

"잠깐만요, 선생님. 이 건더기 수프는 어떻게 만드는 거예요? 이렇게 바짝 말라 있어도 물만 부으면 원래대로 돌아가잖아요."

드라이아이스가 작아지는 까닭은?

"건더기 수프를 만드는 방법이 궁금하구나. 그것도 요즘 배우고 있는 상태 변화와 관련이 있어."

"상태 변화요? 그럼 융해, 응고, 기화, 액화 중 하나를 이용하는 거예요?"

"하하, 그건 아니야. 우리가 아직 배우지 않은 상태 변화를 이용하지. 바로 드라이아이스에서 관찰할 수 있는 상태 변화란다."

▲ 드라이아이스

"드라이아이스는 아이스크림을 포장할 때 넣어 주는 거잖아요."

"그래. 너희들 이산화 탄소라고 들어 봤지? 이산화 탄소는 우리가 숨을 내쉴 때 나오는 기체 중의 하나인데, 그걸 고체로 만든 게 드라이아이스야."

이때 왕수재가 고개를 갸우뚱하며 말했다.

"아이스는 얼음이라는 뜻인데, 드라이는 왜 붙인 거예요? 드라이는 말랐다는 뜻이잖아요."

"오, 좋은 질문이야. 이 고체가 좀 특이하거든."

"어떤 점이요?"

"먼저 질문 하나만 하자. 얼음은 온도가 높아지면 어떻게 되지?"

"녹아서 물이 되죠."

"맞아. 하지만 드라이아이스는 온도가 높아져도 물과 같은 액체로 변하지 않고 크기만 작아져. 그래서 액체가 생기지 않는 마른 얼음이란 뜻으로 드라이아이스라고 불러."

"근데 액체로 변하지 않는데 왜 작아져요?"

"드라이아이스는 고체에서 곧바로 기체로 변하거든!"

"네에? 그게 가능해요?"

"응. 우리 주변에서 볼 수 있는 물질은 대부분 고체에서 액체를 거쳐 기체로 변하지만, 드라이아이스처럼 고체에서 곧바로 기체로 변하는 물질도 있어."

"오호, 그런 상태 변화도 가능하군요."

"그렇단다. 이렇게 물질의 상태가 고체에서 곧바로 기체로 변하는 현상을 승화라고 해. 반대로 물질의 상태가 기체에서 곧바로 고체로 변하는 현상도 승화라고 하지."

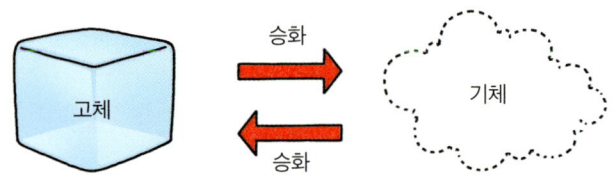

▲ **승화** 고체에서 기체로 변하는 현상도, 기체에서 고체로 변하는 현상도 승화야.

"혹시 드라이아이스처럼 승화하는 물질이 또 있어요?"

"있지. 직접 보여 줄게."

용선생은 실험 기구를 설치한 뒤 말했다.

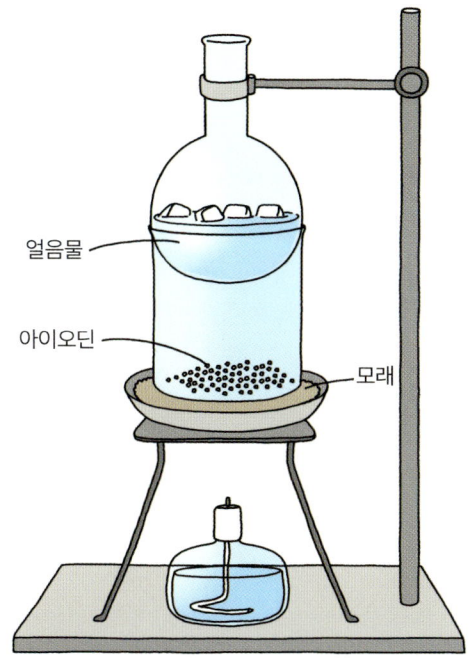

얼음물
아이오딘
모래

▲ 고체 아이오딘

◀ 아이오딘 승화 실험 장치 비커를 직접 가열하면 비커가 깨질 수 있어. 비커 바닥에 모래가 담긴 그릇을 놓고 가열하면 열이 비커에 천천히, 고르게 전달되어서 비커가 깨지는 것을 막을 수 있지.

"이 비커에 있는 검보라색 고체는 아이오딘이라는 물질인데, 이것도 드라이아이스처럼 승화하는 물질이야. 지금부터 이 아이오딘을 가열해 보자."

용선생이 알코올램프에 불을 켜자 잠시 후 곽두기가 외쳤다.

"선생님! 비커 안이 보라색으로 변했어요!"

"온도가 높아져서 고체 아이오딘이 기체로 변한 거야. 기체 아이오딘은 보라색이거든."

"그런데 액체는 정말로 안 생기네요!"

"그래. 이제 얼음물이 담긴 플라스크 아래쪽을 잘 봐."

플라스크를 지켜보던 허영심이 말했다.

> 용선생의 과학 현미경
>
> 아이오딘은 독성이 있어서 피부에 닿거나 먹으면 위험해. 그래서 아이오딘으로 실험할 땐 꼭 보안경과 마스크를 착용해야해. 또 후드라고 하는 환기 장치가 있는 상자 속에서 실험하는 것이 안전하지.
>
>
>
> ▲ 후드가 설치된 상자에서 실험 중인 과학자

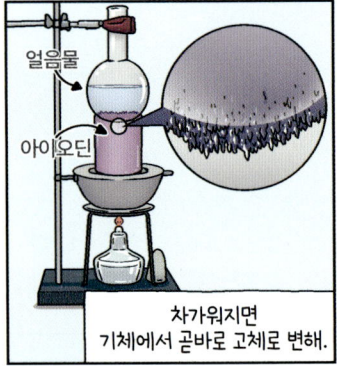
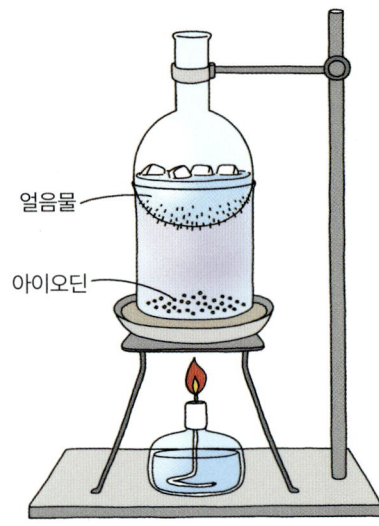

▲ 아이오딘 승화 실험 결과

"어, 바늘처럼 뾰족뾰족한 게 생겼는데요?"

"그렇지. 기체 아이오딘이 차가운 플라스크에 닿으면 온도가 낮아지면서 이렇게 고체로 변해."

"수증기는 차가운 컵에 닿으면 물방울로 변하는데, 아이오딘은 바로 고체로 변했어요."

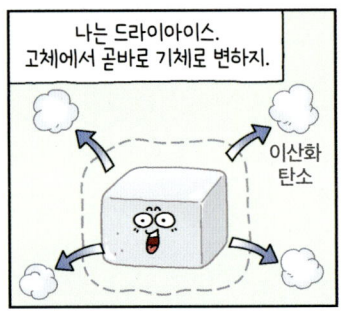

"맞아. 드라이아이스나 아이오딘처럼 승화하는 물질은 고체의 온도가 높아지면 기체로, 기체의 온도가 낮아지면 고체로 승화하지. 또 고체에서 기체로 승화하는 동안에는 융해나 기화처럼 주변의 열을 흡수해. 반대로 기체에서 고체로 승화하는 동안에는 응고나 액화처럼 주변으로 열을 내보내지. 이 열을 승화열이라고 해."

 핵심정리

고체에서 곧바로 기체로, 기체에서 곧바로 고체로 상태가 변하는 현상을 승화라고 해. 드라이아이스나 아이오딘은 승화하는 물질이야.

승화로 생기는 현상은?

용선생은 물을 한 모금 마시고 말을 이었다.

"사실 알고 보면 우리 주변에서도 승화가 일어나고 있어. 혹시 눈이 많이 왔을 때 길가로 쓸어 놓은 눈 더미를 본 적 있니?"

"물론이죠! 제 키만큼 쌓인 눈 더미도 봤는걸요?"

"그럼 그 눈 더미가 영하의 날씨에서도 조금씩 작아진다는 사실도 알고 있니?"

"정말요? 영하의 날씨라면 눈이 녹지 않잖아요."

"맞아. 그때는 눈이 녹지 않고, 조금씩 수증기로 승화한단다. 그래서 눈 더미가 조금씩 작아져."

"오호, 눈도 승화하는군요."

"응, 이게 뭔지 아는 사람?"

용선생이 화면에 새로운 사진을 띄우자 곽두기가 손을 번쩍 들고 말했다.

"서리예요! 예전에 할아버지가 가르쳐 주셨어요."

"맞아. 서리는 날씨가 추울 때 공기 중의 수증기가 차가운 물체에 닿

▲ 영하의 날씨에서도 눈 더미가 작아지는 까닭은 눈이 승화하기 때문이야.

▼ 서리

아 얼음으로 승화한 거야. 똑같은 이유로 냉동실 벽면이나 겨울철 유리창에 수증기가 승화하면서 얼음이 생기기도 해. 이건 성에라고 불러. 서리와 성에는 눈 더미가 작아지는 것과는 반대로 수증기가 얼음으로 승화한 거야."

◀ 성에

핵심정리

추운 겨울에 눈 더미가 작아지는 것은 눈이 수증기로 승화하기 때문이야. 반대로 서리나 성에는 수증기가 얼음으로 승화한 거야.

 ## 우주 식품은 어떻게 만들까?

"그런데요, 선생님. 승화랑 라면 건더기 수프는 무슨 상관이에요?"

"하하, 이제 그 이야기를 해야지. 라면에 있는 건더기 수프는 바로 승화를 이용해서 만든 거야. 컵라면 안의 건더기 수프는 어떻게 생겼지?"

"음…… 채소의 원래 모습이랑 비슷하긴 한데 바짝 말라 있어요."

"그래. 말랐다는 건 물을 없앴다는 뜻이야. 음식을 말리면 오래 보관할 수 있어. 또 물이 없어진 만큼 부피가 작아지고 가벼워져서 운반하기도 쉬워져. 그런데 그냥 말리면 시간이 오래 걸려서, 빨리 말리기 위해 가열하는 경우가 많아. 식품을 가열해서 말리면 맛이나 영양분이 변할 수 있지."

▲ 컵라면 건더기 수프

"그럼 맛이나 영양분이 변하지 않게 말릴 수는 없어요?"

"식품을 얼려서 말리면 돼. 식품을 얼려서 식품 안의 물을 얼음으로 만든 다음 얼음을 바로 수증기로 승화시키면 식품 본래의 맛이나 영양분이 거의 변하지 않아."

"오호, 좋은 방법이네요!"

"그렇지? 이렇게 음식을 얼려서 말리는 방법을 동결 건조라고 해."

"그렇군요. 건더기 수프 말고 동결 건조로 만드는 음식이 또 있어요?"

 곽두기의 낱말 사전

동결 건조 얼 동(凍) 맺을 결(結) 마를 건(乾) 마를 조(燥). 얼려서 말린다는 뜻이야.

용선생의 과학 현미경

우주 식품을 동결 건조로만 만드는 것은 아니야. 식품을 깨끗이 살균한 다음 통조림 등으로 만들기도 해.

"그럼. 인스턴트커피, 과일 칩 등이 있지. 그리고 우주선이나 우주 정거장 같은 곳에서 우주인들이 먹는 우주 식품도 동결 건조로 만들어."

곽두기가 눈을 동그랗게 뜨며 말했다.

"동결 건조로 우주 식품을 만든다고요?"

▲ 인스턴트커피

▲ 과일 칩

▲ 다양한 우주 식품

"응. 우주인들이 먹을 음식을 우주선에 실을 때 음식의 부피가 크고 무거우면 많이 보낼 수가 없어. 그래서 일단은 말리는 게 좋아. 이때……."

용선생의 말에 왕수재가 손가락을 튕기며 말했다.

"아하! 음식을 동결 건조하면 부피가 작아지고, 가벼워질 뿐 아니라 맛도 안 변하죠."

"맞아. 게다가 영양분도 거의 변하지 않으니, 우주인들의 건강에도 좋겠지? 사실 우리 조상들도 동결 건조를 옛날부터 이용해 왔어. 너희 황태라고 들어 봤니?"

▲ 황태

▲ 명태

"그럼요. 국으로도 먹고, 그냥 먹기도 하는데요."

"하하, 잘 알고 있구나. 황태는 명태라는 생선을 말린 거야. 겨울에 바람이 잘 부는 곳에 명태를 널어 두면 무려 3개월 동안 얼었다 녹았다를 반복해. 이 과정에서 얼음은 승화되고 명태의 맛과 영양분은 그대로 남아서 맛있는 황태가 되지."

그때 장하다가 배를 움켜쥐며 말했다.

"선생님, 음식 얘기를 계속 들었더니 배고파요."

"하하! 그럴 줄 알고 선생님이 준비한 게 있지. 상태 변화 수업을 모두 마친 기념으로 컵라면 파티 어때? 모두 휴게실로 출발!"

"우아, 선생님 최고!"

핵심정리

동결 건조는 식품을 얼린 다음 얼음을 수증기로 승화시켜 말리는 거야. 동결 건조를 이용하면 식품의 맛과 영양분이 거의 변하지 않아.

나선애의 정리노트

1. 승화
① 물질의 상태가 고체에서 곧바로 ⓐ[　　]로, 기체에서 곧바로 ⓑ[　　]로 변하는 현상
- 승화하는 물질: 드라이아이스, 아이오딘 등

2. 생활 속 승화
① 얼음이 수증기로 승화함.
- [예] 눈 더미가 작아짐.

② 수증기가 얼음으로 승화함.
- [예] 서리, ⓒ[　　] 등

3. 승화의 이용
① 식품 안의 물을 얼려서 수증기로 승화시키는 ⓓ[　　]를 이용함.
- [예] 라면 건더기 수프, 인스턴트커피, 과일 칩, 우주 식품, 황태 등

ⓐ 기체 ⓑ 고체 ⓒ 상에 ⓓ 동결 건조

과학퀴즈 🧪 달인을 찾아라!

● 정답은 115쪽에

01

친구들이 이번 시간에 배운 내용에 대해 이야기하고 있어. 옳으면 O, 옳지 않으면 X를 표시해 줘.

① 고체에서 곧바로 기체로 변할 수 있어. (　　)
② 고체 아이오딘을 가열하면 액체 아이오딘으로 변해. (　　)
③ 성에는 공기 중의 수증기가 승화해 얼음으로 변한 거야. (　　)

02

허영심이 미로를 통과하려고 해. 승화와 관련 있는 것들을 따라가면 출구를 찾을 수 있대. 허영심에게 올바른 길을 알려 줘.

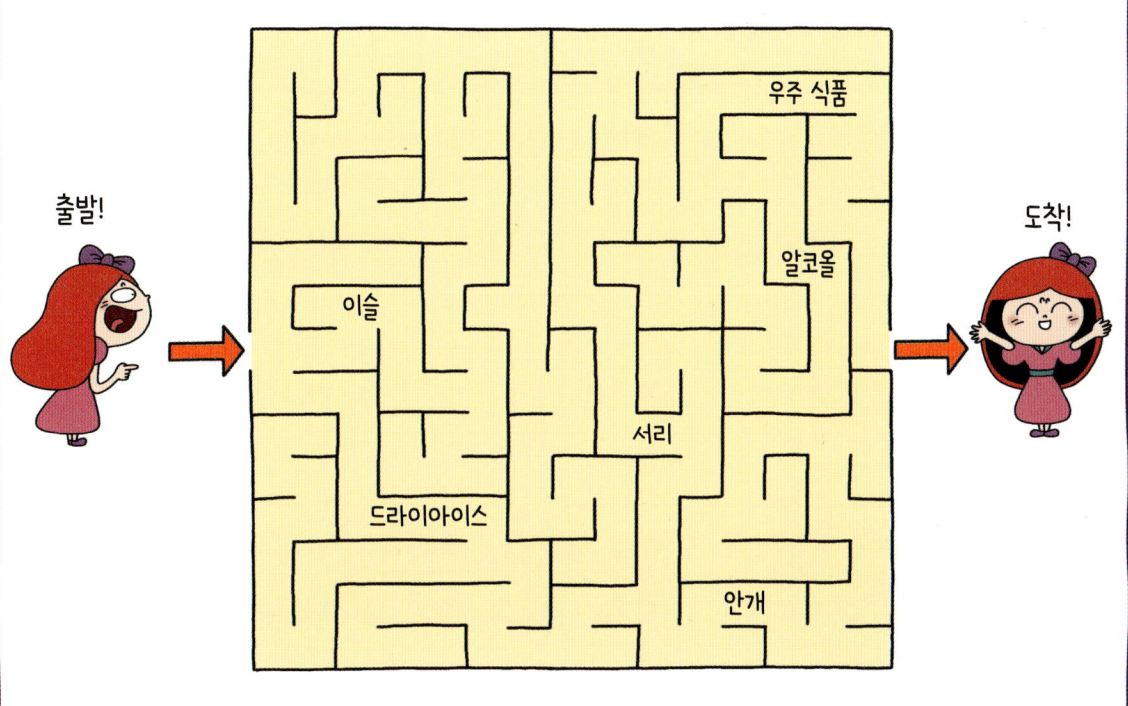

| 용선생의 과학 카페 | 용선생의 한국사 카페 | 용선생의 세계사 카페 |

https://cafe.naver.com/yongyong

용선생의 과학 카페

과학계의 핵인싸,
용선생의 과학 카페에
오신 걸 환영합니다.

Log in

MENU

물리면 아프다
화학이 화하하
생물 오징어
지구는 둥글다

자연이 만든 얼음꽃, 상고대!

▲ 소백산 죽령코스(충청북도)에 핀 상고대

늦가을 산에 오르면 가끔 깜짝 놀랄 풍경을 마주할 때가 있어. 눈이 내린 것도 아닌데, 나뭇가지마다 하얗게 얼음꽃이 내려앉은 풍경이지. 이 얼음꽃을 상고대라고 해.

상고대와 비슷하게 보이는 자연 현상으로 눈꽃이 있는데, 둘은 만들어지는 과정이 전혀 달라. 눈꽃은 하늘에서 내린 눈이 나무에 소복이 쌓여 만들어져. 이와 달리 상고대는 공기 중의 수증기가 차가운 나무에 닿아 순간적으로 승화하여 생긴 얼음이야. 그래서 상고대를 나무 서리라고도 하지. 상고대는 안개나 구름을 이루는 물방울이 나무에 얼어붙어 만들어지기도 해.

수증기가 바로 얼음으로 승화하려면 공기 중에 수증기가 충분하고, 얼음이 얼 정도로 기온이 낮은 게 좋아. 그래서 상고대는 대부분 늦가을에 낮과 밤의 기온 차가 큰 지역에서 볼 수 있단다. 주로 높은 산이지. 특히 비가 오고 난 뒤 갑자기 기온이 떨어지거나 안개가 끼면 상고대가 생길 가능성이 높아. 이런 날은 공기 중에 수증기가 충분하고 기온이 낮기 때문이야.

▲ 눈이 쌓여 만들어진 눈꽃

▲ 수증기가 승화하여 생긴 상고대

- 장하다의 오답을 피하는 방법
- 나선애의 야무진 실험실
- 왕수재의 아는 척 과학교실
- 허영심의 별 헤는 밤
- 곽두기의 빅뱅 따라잡기

COMMENTS

- 얼음꽃이라니 얼마나 예쁠까?
  - 맞아. 직접 보면 더 예쁠 것 같아.
  - 하하, 그럼 우리 함께 상고대를 보러 산에 가 볼까?
  - 앗, 등산은 좀…….

가로세로 퀴즈

상태 변화에 관한 가로세로 퀴즈야. 빈칸을 채워 봐.
띄어쓰기는 무시해도 돼.

가로 열쇠
① 담는 그릇에 따라 모양은 변하지만 부피는 변하지 않는 물질의 상태
② 물질의 상태가 변하는 것을 가리키는 말
③ 기체인 이산화 탄소로 승화하는 고체
④ 기체 상태인 물의 이름
⑤ 공기의 온도
⑥ 공기 중의 수증기가 액화하여 풀잎이나 바위 같은 물체에 맺힌 물방울
⑦ 물질의 상태가 액체에서 기체로 변하는 동안 일정하게 유지되는 온도
⑧ 열을 가하여 덥히는 것을 가리키는 말

세로 열쇠
① 액화가 일어나는 동안 물질이 내보내는 열
② 검보라색 고체에서 보라색 기체로 승화하는 물질
③ 액체가 표면에서만 기체로 변하는 현상
④ 물질의 상태가 고체에서 액체로 변하는 동안 일정하게 유지되는 온도
⑤ 기화가 일어나는 동안 물질이 흡수하는 열
⑥ 북극 주변에 사는 이누이트 사람들이 눈으로 만든 집
⑦ 액체가 표면과 속 모두에서 기체로 변하는 현상

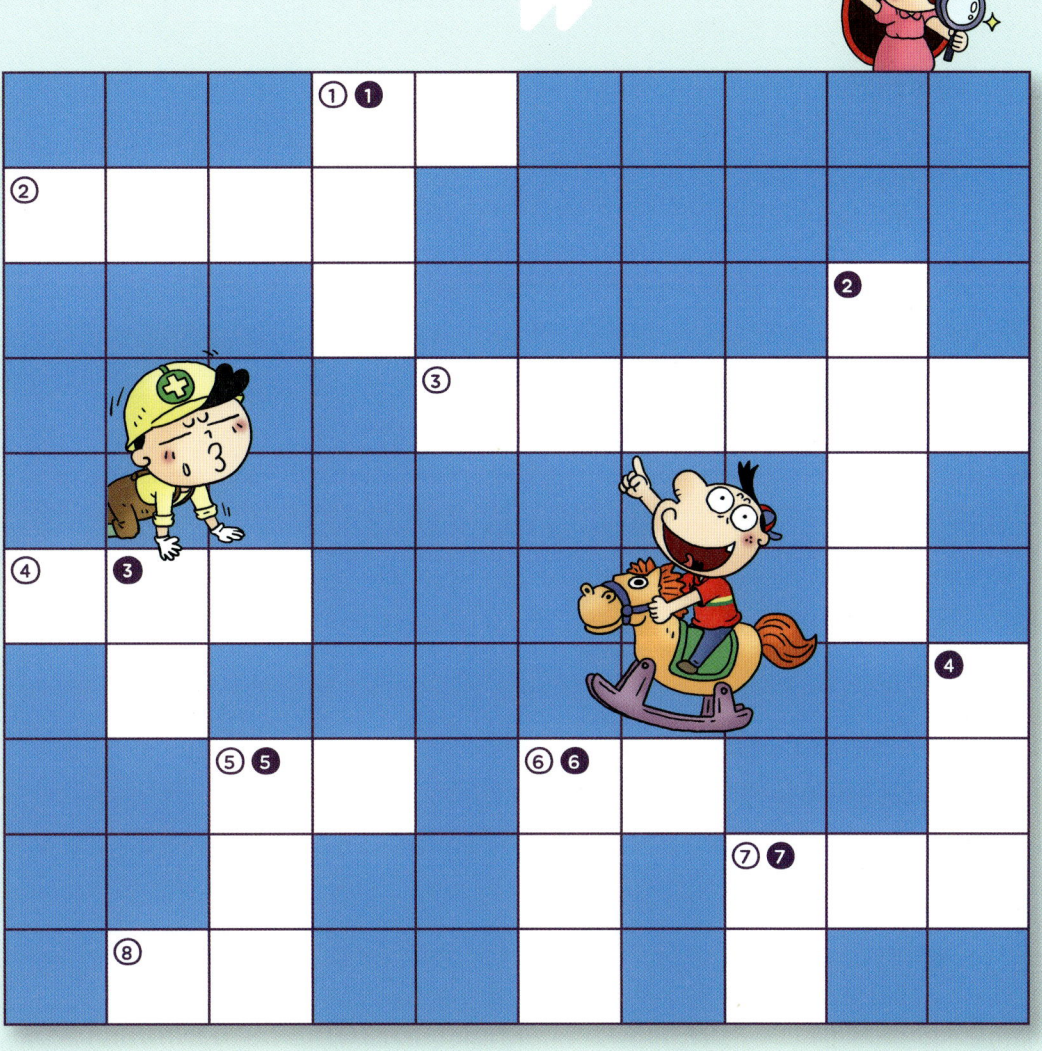

●정답은 115쪽에

교과서 속으로

교과서에서는 어떻게 배울까?

초등 3학년 2학기 과학 | 물질의 상태

물질은 어떤 상태로 존재할까?

- **물질의 상태**
  - 대부분의 물질은 고체, 액체, 기체의 세 가지 상태로 존재한다.

- **세 가지 상태의 특징**
  - 고체: 담는 그릇이 바뀌어도 모양과 부피가 변하지 않는다.
  - 액체: 담는 그릇에 따라 모양은 변하지만 부피는 변하지 않는다.
  - 기체: 담는 그릇에 따라 모양과 부피가 모두 변한다.

 가루 설탕은 아주 작은 고체라고!

초등 4학년 2학기 과학 | 물의 상태 변화

물이 얼면 부피는 어떻게 변할까?

- **물의 세 가지 상태**
  - 고체일 때는 얼음
  - 액체일 때는 물
  - 기체일 때는 수증기

- **물이 얼 때 부피 변화**
  - 물은 다른 물질들과는 달리 액체에서 고체로 변할 때 부피가 늘어난다.

 물이 얼면 입자들은 속이 빈 육각형 구조를 이루지.

중 1학년 과학 | 물질의 상태 변화

융해와 응고

- **융해**
    - 물질의 상태가 고체에서 액체로 변하는 현상이다.
    - 융해가 일어나는 동안 물질은 융해열을 흡수한다.

- **응고**
    - 물질의 상태가 액체에서 고체로 변하는 현상이다.
    - 응고가 일어나는 동안 물질은 응고열을 내보낸다.

 응고열을 이용하면 이글루 안을 따뜻하게 만들 수 있어!

중 1학년 과학 | 물질의 상태 변화

기화와 액화

- **기화**
    - 물질의 상태가 액체에서 기체로 변하는 현상이다.
    - 기화가 일어나는 동안 물질은 기화열을 흡수한다.

- **액화**
    - 물질의 상태가 기체에서 액체로 변하는 현상이다.
    - 액화가 일어나는 동안 물질은 액화열을 내보낸다.

 기화에는 끓음과 증발이 있다는 사실!

찾아보기

가열 79-82, 99, 103
고체 13, 15-23, 29-39, 42-48, 50-52, 66-67, 69-71, 80, 97-100
공기 16-18, 21, 35, 43, 64-66, 72, 80-81, 85-87, 92-93, 108-109
기온 72-73, 93, 109
기체 13, 16-21, 23, 30-36, 38, 42, 47-48, 50, 79-84, 86, 97-100
기포 80, 82
기화 81-84, 87-89, 97, 100
기화열 82-83, 88
끓는점 82-83
끓음 82-83
녹는점 70
동결 건조 103-105
드라이아이스 97-100
무게 39, 58-59, 105
물질 13, 17-19, 21, 23, 30-39, 42-43, 48, 50, 64-67, 69-70, 72, 79-81, 83-84, 86, 98-100
번개 43
부피 14-21, 23, 29, 37-39, 48-55, 58-59, 103-105
비커 15-16, 63-64, 68, 79-80, 98-99
빙산 58-59
삼각 플라스크 13-14
상고대 108-109
서리 101-102, 108
성에 102

수도 계량기 52, 55
수증기 47-48, 50, 80-86, 88, 92-93, 100-103, 105, 108-109
승화 98-103, 105, 108-109
시험관 49
실체 현미경 22
아이오딘 98-100
안개 86-87, 108-109
알코올 30-33, 35, 78-79, 81-83
압력 34
액체 13-23, 29-39, 42, 47-48, 50-51, 66-67, 69-71, 73, 79-84, 86, 98-99
액화 84-86, 92-93, 97, 100
액화열 84
어는점 65-66 70
얼음 47-52, 54-55, 58-59, 64-70, 72-73, 80-81, 97-98, 101-103, 105, 108-109
열 64-71, 73, 79-84, 87, 89, 99-100
오로라 43
온도 32-36, 42, 48, 63-70, 72-73, 79-83, 85, 88-89, 97-100
온도계 63, 68, 79
우주 식품 102, 104
융해 69-73, 83, 97, 100
융해열 69-70
응고 66-67, 69-73, 83-84, 97, 100
응고열 66-67, 72-73, 84
이글루 63, 66-67, 73

이슬 86, 92-93
입자 19-21, 33-39, 42, 50-52
증발 82-83, 87-89
질소 18
플라스마 42-43
플레어 42-43
헬륨 18
황태 104-105

퀴즈 정답

1교시

01 ①O ②X ③O

02

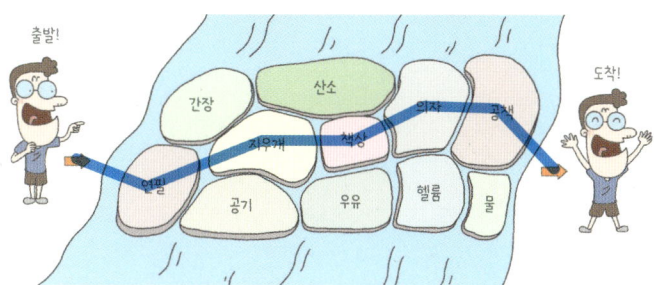

2교시

01 ①X ②O ③X

02

> 보기
> 1. 물질의 상태는 (온도)에 따라 변할 수 있어.
> 2. 온도가 높아지면 (입자)의 움직임이 활발해져.
> 3. 물질의 상태가 변할 때에는 입자 사이의 거리가 달라져서 (부피)가 변해.

차	온	감	영
공	도	영	수
체	로	부	상
입	자	모	피

(온도, 입자, 부피 동그라미 표시)

3교시

01 ① ○   ② ✕   ③ ○

02
> 보기
> 1. 대부분의 물질은 액체에서 고체로 변할 때 부피가 (줄어들어).
> 2. 물이 얼음으로 변할 때 물을 이루는 입자들은 (육각형) 구조를 이루어.
> 3. 육각형 구조 안에 생기는 공간 때문에 물이 얼음으로 변하면 부피가 (늘어나).

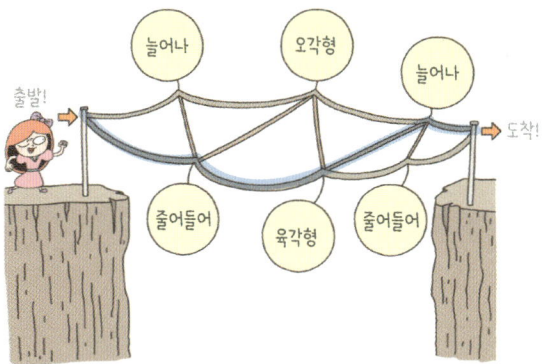

4교시

01 ① ✕   ② ○   ③ ✕

02

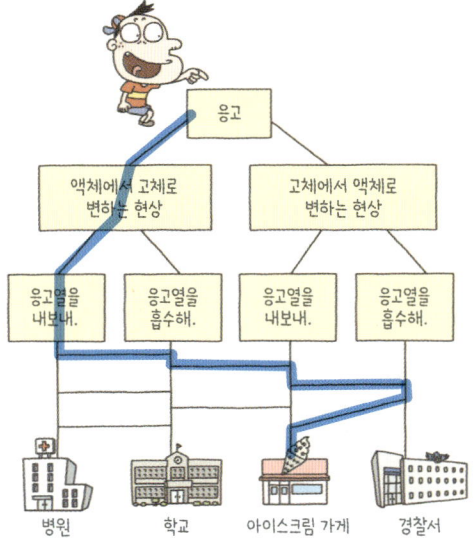

5교시

01　①X　②X　③O

02
> 물질의 상태가 액체에서 (기체)로 변하는 현상을 기화라고 해. 기화에는 끓음과 (증발)이 있어. 기화가 일어나는 동안 물질은 주변에서 열을 (흡수)해서 주변의 (온도)는 낮아져.

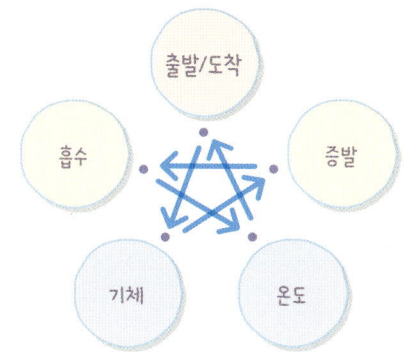

6교시

01　①O　②X　③O

02

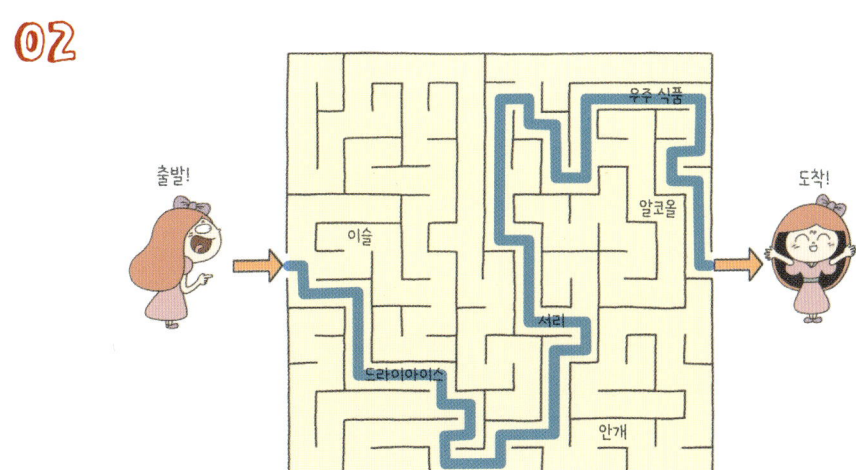

가로세로 퀴즈

			①❶액	체				
②상	태	변	화					
			열				❷아	
			③드	라	이	아	이	스
							오	
④수	❸증	기					딘	
	발						❹녹	
	⑤❺기	온		⑥❻이	슬		는	
	화		글		⑦❼끓	는	점	
	⑧가	열		루		음		

일러두기
· 맞춤법과 띄어쓰기는 국립국어원에서 펴낸 《표준국어대사전》을 따랐습니다.
· 과학 용어 표기는 《2015 개정 교육과정에 따른 교과용도서 개발을 위한 편수자료Ⅲ 기초과학, 정보 편》을 따랐습니다.
· 이 책에 실린 사진은 저작권자로부터 사용 허가를 받았습니다. 저작권자와 접촉하기 위해 최선을 다했으나 불가피한 사정으로 사용 허가를 받지 못한 일부 사진에 대해서는 저작권자와 연락이 닿는 대로 게재 허락을 받고 사용료를 지불하겠습니다.
· 이 책에 실린 그림의 저작권은 별도의 표기가 없는 한 사회평론에 있습니다.

사진 제공
14쪽: 북앤포토 | 15쪽: 북앤포토 | 36쪽: 북앤포토 | 42쪽: NASA Goddard Space Flight Center(wikimedia commons_CC2.0) | 49쪽: 북앤포토 | 53쪽: Andreas Werth / Alamy Stock Photo | 76~77쪽: 掬茶(wikimedia commons_CC4.0) | 79쪽: 북앤포토 | 80쪽: 북앤포토 | 88쪽: Ardo Beltz(wikimedia commons_CC3.0) | 93쪽: Arturo Vittori | 104쪽: 퍼블릭도메인 | 108쪽: 국립공원공단 | 그 외: 셔터스톡

용선생의 시끌벅적 과학교실 | 상태 변화

1판 1쇄 발행	2021년 12월 23일
1판 5쇄 발행	2025년 4월 14일
글	서지은
구성	유창선, 김형진, 이명화, 설정민
그림	김인하, 뭉선생, 윤효식
감수	노석구
캐릭터	이우일
어린이사업본부	이승필
책임편집	이건혁
편집	정세민, 이명화, 홍지예, 김미화, 최예리, 윤성진, 김예린
마케팅	윤영채, 정하연, 안은지, 박찬수, 강수림
경영지원본부	나연희, 주광근, 오민정, 정민희, 김수아, 김승현
아트디렉터	강찬규
디자인	가필드
사진	북앤포토
펴낸이	윤철호
펴낸곳	(주)사회평론
전화	02-326-1182
팩스	02-326-1626
주소	03993 서울시 마포구 월드컵북로6길 56 사평빌딩
출판등록	1993년 10월 6일 제 10-876호

© 사회평론, 2021

ISBN 979-11-6273-200-7 73400

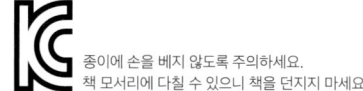

· 이 책 내용의 일부나 전부를 다시 사용하려면 저작권자와 사회평론의 동의를 받아야 합니다.
· 잘못 만들어진 책은 바꾸어 드립니다.

종이에 손을 베지 않도록 주의하세요.
책 모서리에 다칠 수 있으니 책을 던지지 마세요.